百歲紀念版

雪謙文化

藏傳法王—寧瑪派

頂果欽哲法王傳

作者／馬修‧李卡德 *Matthieu Ricard*‧ 編譯／賴聲川

The Life and World of Dilgo Khyentse Rinpoche

增訂版

勿忘上師
恆時向彼祈請

勿隨念轉
關照心的本性

勿忘死亡
精進於法修行

勿忘眾生
慈悲迴向功德於彼

——頂果欽哲仁波切

懷念頂果欽哲仁波切 ———— 達賴喇嘛

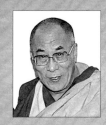

　　頂果欽哲仁波切，我最尊敬的老師之一。他給予我許多重要的開示，尤其是舊譯傳承（寧瑪巴*¹）關於覺性（本覺*²）的體驗。

　　從我們第一次見面，我就對他留下非常好的印象。在深奧的禪觀和夢的清楚指示中，我了解到我們之間有某種特殊的因緣，於是我開始從他那兒接受教導。對於他所給與的一切協助，我著實感激不已。

　　一開始，頂果欽哲仁波切並沒有在宗教階層中擁有高位，他是因為實證出完整而真實的成就，才成為一位偉大的老師。身為十九世紀西藏大師蔣揚欽哲仁波切的轉世，他自小就顯現出從過去世繼承的心靈潛能。他從許多大師身上得到教誨，但是並不把教誨留在經文中，而是確切地實踐，並從中得到直接體驗。

　　他還相當年輕時，就過著隱士生活，把所有的時間都用來思索和體驗佛法的真實意義，並達到了禪修最核心和最重要的境界，於是成為盛行西藏的八大心靈傳承的傳人。這些涵蓋了經教和密續*³的活生生傳統，包含了灌頂*⁴、口耳傳承，以及口訣指示。

　　不提他內蘊的特質，頂果欽哲仁波切顯現的面貌則是一位偉大的學者和修行者。我特別欣賞他堅持「不分教派」的觀點。西藏存在著許多不同的心靈傳統，配合著不同的修行方式，各有屬於自己獨到的特點：每一種修行各有其較強調或不被重視的面向，或者詮釋某一個重點時，有其獨特的方式。只要研究這些不同的傳統，就會發現它們是彼此互補的。所以說，不分教派的觀點不但對個人修行極有助益；對佛法的保存，也是極有幫助。

　　雖然欽哲仁波切的名氣遠播，跟隨者眾，但是他總是那麼溫和謙沖。無庸置疑地，他擁有甚深的心靈體現，卻從來不引以為傲，這真的是非比尋常！不論高低，他對所有

的人都一樣好,事實上,從來沒有人聽過他說出任何會傷害他人的話。

為了所有眾生,他無倦地保存和弘揚佛法,搶救並重印許多幾乎已經消失的稀有經文,重建許多已被摧毀的寺廟,而最重要的就是傳法。即使到了老年,在任何時刻,他還是願意對任何一位有可能成為真正傳承執持者的人,提供經文上的解釋,給予灌頂和口訣指示。他所做的一切,完全是為了幫助他人,以及保存佛法。此外他也寫了為數眾多關於佛法的經論和經疏。

頂果欽哲仁波切是所有佛法執持者的典範。我們不只應該欣賞他不可思議的知識、智慧和成就;更重要的是,應該以他為榜樣,學習他的特質。佛陀的開示對所有的人來說,都具有重大的價值,不只是虔誠的修行者,對一般人也是一樣;所以說,我們必須盡我們最大的努力去修行和實踐佛法,並且以佛陀之後的偉大老師們為模範。這就是完成老師的心願最好的方法,也是獻給老師最好的供養。依我的觀點,獻出自己心靈修持和成就給老師,是讓老師喜悅最好的方法,我也請求所有心靈道上的朋友發同樣的願。我相信,今日的修行者能夠從道途上過去那些偉大修行者身上,學習到非常大的利益。

身為仁波切的弟子,我希望和其他弟子分享我的感受:我們能夠認識他,接受他的開示,是多麼幸運!從他身上得到的是多麼無價!所以說,現在非常重要的是,我們要在日常生活中將他的開示實踐,讓我們能夠成為這樣一位卓越喇嘛的好學生。

深刻的心靈經驗似乎超越邏輯性的解釋,不容易用文字或口頭解釋傳達,而要依賴心靈傳承給予的啟發和加持,這些則需要透過自己的老師。這就是為什麼在佛教(尤其是金剛乘佛教)之中,「上師相應法」*5的修行——與上師的本性合而為一——是那麼被重視。在大圓滿*6的傳統中,對於覺性(本覺)的體現更是。由於上師相應法的修行是那麼重要,因此老師本身的特質就非常重要。佛陀自己在許多經教和密續的文字中,曾詳細描述一位真正的老師應具備的條件是什麼。所有的這些條件,我都在頂果欽哲仁波切身上看到。

蓮花生大士將佛法傳入西藏,他的加持是佛法得以在西藏盛行的主要原因。他的祈

禱和慈悲，創造了他與西藏之間非常特殊的關係。從心靈的觀點來看，我們所處的這個時代，各種條件都已經退化了。人們非常聰明，具有創造性，但是經常缺乏真正的善良。人們的智力愈來愈用在毀滅性的事物上。不僅西藏和藏傳佛法遭遇的毀滅甚廣，西藏人民也歷經極端艱困的時期；而且世界各地，各種動盪和不幸也不斷發生。在這樣困難的時期，蓮花生大士的加持是非常重要的；我覺得頂果欽哲仁波切的加持也是，因為他和蓮花生大士之間有著非常特殊的關係。

這就是有關我的老師。

非常高興這一本頂果欽哲仁波切的傳記《頂果欽哲法王傳》要出版了，書中有著那麼多美麗的圖片。我在此祈請我老師的智慧能夠穿透我們的心，在此感謝攝影師尊貴的昆卓天津（馬修・李卡德）、出版者，以及所有幫助這個作品完成的人士。

1996年3月26日

心靈的導師 ———— *雪謙冉江仁波切*[*7]

　　從三歲到二十五歲，我生活在頂果欽哲仁波切身邊。現在我才能完全了解我是多麼地幸運。在我小的時候，我並不理解什麼叫做「心靈導師」。對我而言，頂果欽哲仁波切是我所認識最好的一個人，最完美的外公。

　　當我逐漸長大，得到他的開示、覺得他充滿著不可思議的善，開始在他身上看到什麼叫做心靈導師。我開始學習之後，這種感受愈來愈強。從經文之中，我得到知識及關於真正心靈導師應有的特質。當我愈嚴厲地檢查這些特質，我愈是在頂果欽哲仁波切身上找到全部。

　　頂果欽哲仁波切的知識和智慧是無窮的。不斷會有學者和修行者前來向他請教佛教哲學和禪定之中最困難的問題。對我來說非常自然地，頂果欽哲仁波切會毫不遲疑地回答這些所有的問題。現在回想起來，我知道這麼一個智慧和經驗的寶藏在我們今天這個時代之中幾乎是無人能比。仁波切心靈體現之深，對我們而言似乎是無法揣摩。

　　頂果欽哲仁波切的肉身已經不在這個世界上，但是我愈去思索他的特質，我心中對他的虔誠、信心和愛，愈是增長。

　　於是我非常高興他生平故事將以中文出版，同時附加了許多美麗的肖像，以及屬於他這個世界的相片。

　　我同時非常感謝賴聲川先生，用極大的熱誠和深刻的虔誠心將這傳記和開示翻譯成中文，是他的推動力讓這計劃能夠實現。同時我要感謝周本驥小姐，她精進的編輯工作讓這夢想成真。

不丹·巴羅，2001年10月31日

【作者序】

獻給這個時代——馬修‧李卡德

　　本書是一個獻禮，獻給我的老師——頂果欽哲仁波切、我的心靈同伴，以及所有可能在此書前駐足片刻的人們。

　　1967年，我旅行到印度大吉嶺(Darjeeling)*8，遇見我的第一位老師——康珠爾仁波切(Kyabje Kangyur Rinpoche)，而且從1972年起常住在喜馬拉雅山區。康加仁波切離開這個世界後，我有幸和欽哲仁波切相處十二年，從不丹、印度到尼泊爾，服侍著他並向他學習。在那個過程中，我剃度出家，成為佛教僧侶，也有幸陪伴欽哲仁波切到西藏三次。

　　這些年來，我拍了許多相片——拍的是我的老師們以及圍繞他們的世界。我這麼做的主要願望，是希望能夠分享他們世界中不可思議的美麗、堅強和深度。

　　根據佛法，每一個眾生都具有佛性。如果沒有以煩惱心錯誤看待，現象世界的自然狀態就是圓滿。佛教相信正面的特質——好比善心——能夠反映人們的真實本質。透過攝影，我希望呈現人性的美。即使在激烈的痛苦中，尊嚴和美是可以存在的；即使面對毀滅和迫害，希望還是能夠存在。這些話尤其應驗在西藏和西藏人民的身上，因為他們即使面對著種族和文化的殲滅，也還能保持住自己的喜悅、內在力量和信心。

　　欽哲仁波切1991年圓寂之後，他的孫子，也是他的心靈繼承人——雪謙冉江仁波切，在他祖父許多弟子的支持下，誓言繼續頂果欽哲仁波切的工作，在尼泊爾和西藏的雪謙寺(Shechen Monasteries)，以及世界各地的分支團體，繼續傳承頂果欽哲仁波切的開示。這本書就是在雪謙基金會的支持下完成的。

　　書中引述頂果欽哲仁波切的簡傳，是來自他親自書寫的自傳（包含他早年的生活）、一些他在回憶西藏生活情境的錄音帶，以及與他妻子和弟子的訪談記錄。我們同

時非常感謝艾瑞克・貝瑪昆桑(Erik Pema Kunsang)允許我們引用他的翻譯，這是由祖古烏金督佳仁波切(Tulku Orgyen Topgyal)口述，有關欽哲仁波切生平的兩種版本。

書中多種不同的原文是由蓮師翻譯小組(Padmakara Translation Group)譯自藏文，也有部分由此翻譯小組另外撰寫和編輯。此翻譯小組是一群專業的國際翻譯，成員都曾在偉大的西藏上師們指導下學習佛法數十年。這個翻譯小組位於法國多荷冬區，非常虔誠地把佛教經典和口頭開示準確地翻譯成西方語言。蓮師翻譯小組是由貝瑪旺賈仁波切(Pema Wangyal Rinpoche)和吉美欽哲仁波切(Jigme Khyentse Rinpoche)*9兩位老師指導。參與這一本書的成員包括John Canti、Ani Jimba、Daniel Staffler、Wulstan Fletcher，以及我本人。在此也特別感謝Jill Heald、 Wendy Byrne和Vivian Kurz，為此書做出巨大的貢獻。

我特別感激現代攝影大師卡提耶布列松（Henri Cartier-Bresson）給予我的支持、鼓勵和靈感。最後，我深深地感激尊貴的達賴喇嘛，他永遠以最大的慈悲對待欽哲仁波切的所有弟子。感激他為本書作序，和我們分享他的一些回憶和感受。

【譯者序】

世紀的典範 —— 賴聲川

　　頂果欽哲仁波切被公認為我們這個時代最偉大的藏傳佛法修行者與老師之一。他是我們這個時代最偉大的「大圓滿」修行者、大圓滿龍欽心髓傳承的主要執持者之一，也是藏傳佛法之中不分教派運動的主要精神領袖。同時，頂果欽哲仁波切是一位藏傳佛教中著名的「伏藏者」，曾經為我們這個時代發現蓮花生大士許多隱藏的珍貴的法。頂果欽哲仁波切也是極著名的詩人、學者和哲學家。話說「只要見到他的面孔就能保證未來的解脫。」

　　頂果欽哲仁波切的早年都在深山之中修行，從中年開始，永不倦怠地傳法給無數的弟子，包括藏傳佛法之中許多偉大的老師們，讓佛法遠傳到西方。同時，欽哲仁波切多年來也是不丹國的國師。1987到1991年，他也擔任藏傳佛法寧瑪派的法王。本書的作者馬修・李卡德，有著絕佳的因緣，跟隨欽哲仁波切十二年，與仁波切日夜相處，向他學習，同時成為他的外文翻譯。馬修曾跟我說：「仁波切的偉大並不在他的頭銜，或者被世人景仰的程度，他的偉大在於他的純真，他智慧與慈悲的自然力量，他不可思議的心靈成就。」

　　我此生有幸與仁波切結緣，這是極難忘的經驗。在他面前是一種很特殊的感覺，從他身上散發出來的慈悲讓整個空間充滿一種慈祥，讓我想到，慈悲的力量原來可以是那麼地強大，好像具體在空氣中可以觸摸到的一樣。在他面前，彷彿人生中所有多餘的一切被撥開，讓我們體現到一種特殊的寧靜與智慧。

　　在這世態炎涼的二十一世紀，當人們的憎恨與妄念日益增多，並且以過去不可思議的方式爆發出來，活在世界上的我們愈來愈難尋找人中之典範。以他的智慧、慈悲，及無限的給與，欽哲仁波切是這麼一個典範。他的一生，無疑對世人是極大的激勵。願仁

波切的傳記能夠感動讀者，就如同他感動我一生一樣。

　　我要感謝周本驤和城邦橡樹林出版社能夠讓多年來出版這本書的願望成真，也感謝劉婉俐從中的努力，促成這因緣，也感謝為這次新版本努力的所有雪謙文化同仁。

　　感謝烏金多傑仁波切、堪布覺嶠桑度和張惠娟在文字蒐集的過程中給予的協助，也感謝表演工作坊的陳瑄婕、沈希行和呂弘暉在文書處理和聯絡上的幫助。

　　最後，感謝乃竺細心的校稿和一路上的意見。沒有她在旁邊，我是沒有勇氣翻譯佛法的。

（本文作者為頂果欽哲法王文選 總召集）

藏傳佛教寧瑪派簡介 ——— 劉婉俐

　　根據西藏歷史典籍的記載，西藏文字的創制與佛經翻譯，約始於西元七世紀中期，由吐蕃王朝藏王松贊干布派遣吞米桑布扎（Thon mi Sambhota）至印度學習，返藏後所制訂。繼而將吞米桑布札從印度迎請回來的《寶雲經》等經典譯出，則為吐蕃佛經的翻譯肇始。

■新／舊譯派與前／後弘期

　　在松贊干布王後的數代，佛教譯經與西藏本土信仰苯教的折衝與對立，無法真正地傳播、弘揚開來。直到西元773年（另說為西元747年）赤松德贊王迎請蓮師入藏傳法，才開啟佛教的弘布。在蓮師普傳密乘佛法之前，曾有印度大乘佛教的寂護大師（Santaraksita）與中國的大乘行者入藏弘法，皆受到苯教徒的阻撓，無法深入。在蓮師以神通、法力降服了苯教的靈祇，並號令她們成為密乘的護法，創建了第一座密教寺院桑耶寺與僧團之後，密乘才在西藏落地生根。其後的牟尼贊普、牟底贊普踵繼其志，倡行佛法，尤其在牟底贊普時，曾迎請無垢友（Vimalamitra）、蓮花戒（Kamarakshita）、吽迦惹（Kungkara）等大師，偕譯師昆龍王護、瑪寶勝、智軍、正虛空淨等，將前兩代未譯完之經典，儘量翻譯，使三藏顯、密教典於焉大備。至此密乘教法完整、深入地在西藏紮根、傳布開來。其後，赤熱巴堅（Thri Ralpachen）繼位，大舉興佛，引起王朝中苯教勢力的反彈與密謀抵制，西元838年朗達瑪弒弟赤熱巴堅，奪位、滅佛並毀寺破僧，蓮師與二十五位大弟子所傳下的教法，得因在家瑜伽士的修習而私下維續；三年後（842年）朗達瑪王被拉隴巴吉多傑所殺，吐蕃王朝結束，西藏陷入了各邦國混戰、分立的政治局面，至朗達瑪王滅佛前的藏傳佛教，史稱「前弘期」。

在滅佛後，西藏歷經了一世紀多佛法的傳承中斷，十一世紀中期西部阿里王菩提光迎請阿底峽尊者入藏弘法（西元1042年），開啟了藏傳佛教的「後弘期」時代。為了區別方便，前弘期的教法與傳承，被稱為「寧瑪派」，表「舊有、古老」之意。因各派所重經典、修法傳承等的差異，寧瑪派依持吐蕃王朝時的譯典，又名為「舊譯派」；而在後弘期陸續出現的各教派，則因採行後弘期新譯的續典，被統稱為「新譯派」。

■寧瑪派的兩大傳承：教傳與伏藏

寧瑪派的傳承，共有教傳（Kama Tradition）、伏藏兩大部，教傳又稱為「遠傳承」，是一般密續的傳承，又可再分為三種：一是諸佛之間以證悟心意相通的傳承，稱為「諸佛密意」；二為持明者之間依象徵、兆示而傳下的「持明指示」傳承；第三，是在人間由師徒口授傳遞的口耳傳承。相對於教傳的遠傳承，伏藏傳承則被稱為「近傳承」，亦分三種，即聖言預記、有緣掘藏、勝願印授。

祖古東杜仁波切（Tulku Thondup Rinpoche）在闡述伏藏的專書《西藏隱密教法：藏傳佛教伏藏法釋義》（*Hidden Teachings of Tibet: An Explanation of the Terma Tradition of Tibetan Buddhism*）一書中，曾詳述伏藏封藏的三種方式，和伏藏的三種不共傳承相對應：「第一種，是蓮師將主要為內密三乘的諸多灌頂和教法，埋藏於證悟成就的弟子本然心性或明覺中，有時蓮師同一教法不止埋藏於一人，但通常是賦予每位弟子各自特殊的法教，這個過程稱為有緣掘藏。由於蓮師的專注神力和證悟弟子的能力，教法能完好封存、直至取出的機緣到來……封藏的地點並非這些弟子染污或變動的凡夫之心，而是其純淨、不變的明覺空性或如來藏性。第二種，是在授與弟子密乘的傳法（transmission）後，蓮師明妃耶喜措嘉以其無謬不忘的記憶力，蒐集這些教法，然後依蓮師的願力和加持力，在其他證悟字體專家（realized calligraphers）的協助下，措嘉於黃卷上以象徵字體寫下這些教法，置於匣篋中，封藏於不同之處，且將被伏藏師所發覺，以做為喚憶起本覺心性中對此伏藏教法內文、意義和理解的鎖鑰。這類伏藏也會同

時封藏對伏藏師的預言指示（prophetic guides），這個過程是勝願印授（付囑空行或伏藏護法）……第三種，在封藏時，蓮師同時以預言的形式，加持未來此教法取出時的時、地、人，包括對伏藏師的法侶、助物以及教法持有者和主要弟子等的預言。此即聖言預記，並非僅是對未來發生之事的預知而已，且是以神力使一切如所言般兌現，因為蓮師具有真實言說能力之故。這些預言能鼓舞弟子接受、修習法教，並有強烈的願力於未來取藏。」這些封藏於空中、水中、岩洞中、與蓮師重要弟子的心中，包括了佛像、寶物、法器、經卷、甘露……等教法和法寶，即是所謂的「伏藏」。

■伏藏的種類與數量：

伏藏可分為三大類，一是由山岩、重要佛像、聖地、寺院、湖海、空中等處取出的巖藏（Sa-gTer，Earth Ter），其內容豐富，包括經卷、傳記、史料文獻、佛像、法器、唐卡、儀軌、法藥……等。另一類是伏藏師自空性中取得的意藏（dGongs-gTer，Mind Ter），以密乘修持的儀軌為主，尤其是寧瑪派的大圓滿教法，有許多都是出自心意伏藏。十九世紀三位偉大的藏傳佛教上師，共同推動利美（Ris-med，無分教派）運動的三大伏藏師：蔣揚欽哲旺波、第一世蔣貢康楚仁波切、與秋林仁波切等人所取出、保有的傳承等伏藏法要，便曾由蔣貢康楚仁波切集結成《大寶伏藏》全集；而秋林仁波切的伏藏法，也集結為著名的《秋林新巖藏》（Chokling Tersar，通稱為《秋林迭薩》），祖古烏金仁波切、其長子秋吉林瑪仁波切（Chokyi Nyima Rinpoche）、烏金托傑仁波切等，皆是當代《秋林迭薩》傳承的主要持有者；由敦珠法王傳下的《敦珠新巖藏》（Dudjom Tersar），亦是當代重要的巖藏傳承之一，在台灣、香港、美國等地，都有以傳習此巖藏傳承為主的知名佛法中心。第三類的伏藏是由禪觀（Vision）所得，和由空行母、護法交付的伏藏頗為相近，其間的分野只有大伏藏師能區別。尤其是寧瑪派歷來的伏藏師，皆與空行母守護的伏藏密切相關，在《西藏隱密教法》第三章〈取藏〉（Discoery of Terma）中，便曾舉例說明由空行母帶給大伏藏師的伏藏情形，「像欽哲

旺波之類的大伏藏師，是由空行母與護法帶來伏藏和聖物。在法會進行中，有許多人在場時，伏藏會出現在大伏藏師的面前，而他就伸手去抓住或用布包裹起來。有時伏藏就突然自動出現、落在佛龕上。在這些狀況下取得的伏藏，通常會祕密隱藏著，直到適當的時機才公諸於世。這就很難分辨由空行母帶至的伏藏和自空中取出的伏藏了。在《殊勝海》（*Wonder Ocean*）中，（第三世）多竹千（Dodrup Chen）曾表示了對由空行或護法攜至伏藏的看法：『我未曾見過任何由空中取出的伏藏法，雖然據說是有埋藏在空中的伏藏。』」

　　至於伏藏的數量，是不可勝數、無法計算，也不受時間和空間因素的限制的，這是其深妙、超越概念認知的特點之一。祖古烏金仁波切曾表示：「在寧瑪派的傳承中，沒有比榮宗巴（Rongzompa）和龍欽巴更為有名的博學大師了，即使公認榮宗巴學問較淵博，而龍欽巴的見地較高妙，兩人的著述都至少超過六十或七十函；但時至今日卻無處可尋，教法確實佚失了！另一方面，伏藏教法則是永不竭盡。當一位具德的伏藏師有了象徵字體的禪觀時，每個字母都可以變成一整座奇妙城市。而且，教法的內文可以在空中留存著，直到正確無誤地解出才被寫下；如果語句遲遲不能寫好，是因為伏藏師的拼寫有誤。這是為了確保伏藏解讀的正確。」相對於世間教法會有散佚、訛誤、筆誤的問題，伏藏教法的詳實、準確和無盡，確是不可思議。

　　在大陸藏學學者劉立千先生所著的《藏傳佛教各派教義及秘宗漫談》一書〈藏傳佛教寧瑪派〉中曾提到：「寧瑪派最主要的密典發掘是在公元十二、十三世紀之時，由有名的上下大掘藏師掘出的。上掘藏師名安達娘，本名尼瑪沃色，或稱娘熱巴。他在洛札的昆庭、札森摩八吉和瑪沃角等處掘出最重要的法典和法器……下掘藏師名古汝卻季旺秋。他曾在洛札的喀曲和朗格札等處掘出《修部八教》、《密集》、《金剛橛》、《馬頭明王》、等重要密法。他的弟子白旺欽繼承了他的事業……公元十五世紀時，熱特林巴將上下兩大掘藏師等所掘出的伏藏匯集到一起，稱為南藏。公元十七世紀居美多吉在雅魯藏布江南岸建敏珠林寺，寺中講修教典以南藏為主。公元十六紀仁增郭季定楚堅也掘

出不少伏藏，並與前代所掘的匯集在一起，稱為北藏。公元十六世紀北方絳地的札西多吉在雅魯藏布江北岸建艾旺噶巴卻德道場，其子仁增阿格旺布正式擴建為多吉札寺，寺中講修教典則以北藏為主。」這便是伏藏傳承形成北方伏藏與南方伏藏兩大系統的由來。而敏珠林寺、多吉札寺也成為寧瑪派六大寺院傳承中，弘傳南藏、北藏的兩座最古老寺院。因此敏珠林、多吉札，和其後相繼建立的噶陀（Gathok）、卓千（Dzogchen）、雪謙（Shechen）、白玉（Palyul）等六大寺院，統稱為寧瑪派六大寺院傳承，至今法脈仍延續不輟。

■欽哲傳承與利美運動

十九世紀推動利美運動的三位偉大上師之一的蔣揚欽哲旺波，曾預言其將有五位轉世，其當代最重要的化身，即是心意化身的頂果欽哲仁波切，另一位同是二十世紀欽哲傳承的持有者，是欽哲旺波事業轉世的蔣揚欽哲卻吉羅卓（Jamyang Khyentse Chökyi Lodrö）。第一世的欽哲旺波是文殊菩薩的化身，亦是吉美林巴尊者的心意轉世（另有一說，是身轉世），且是赤松德贊王與大圓滿祖師毗瑪拉密札的共同轉世，是得蓮師授記的五大伏藏法王之一。由其傳下的教傳和伏藏教法，便被尊稱為「欽哲傳承」，也就是奉行不分派精神之特殊傳承，其「欽哲」兩個字，含有甚深、豐富的寓意，就字面上而言，是「智慧」與「慈悲」之意，是融合了悲、智的實修傳承，以維護佛法的超然、純淨、與不受世俗概念（或教派、地域、種族、性別、文化等因素）所影響。

當代的欽哲傳承的持有者之一，亦為蔣揚欽哲卻吉羅卓轉世的宗薩欽哲仁波切，曾做過一個生動的譬喻，來形容十九世紀利美運動大師的殊勝與難得。他表示每一世紀最偉大的佛法上師的出現，就好像是從一個寶袋中落下一顆明珠，一百年才有一顆，但是在十九世紀時，彷彿是這個寶袋不小心裂開了洞口，一下子滾落了一堆珍寶，璀璨奪目、令人驚嘆……同是欽哲傳承與秋林傳承持有者的烏金多傑仁波切，曾在講述第一、三、三世欽哲仁波切的傳記時，也讚嘆了欽哲仁波切的珍貴和智慧如海：「第一世湯傑

千巴蔣揚欽哲旺波的名字是，袞噶滇貝蔣千，第二世的名字是卻吉羅卓，第三世的名字是圖登卻吉嘉措；在這三世仁波切的名字之前，都要冠上『湯傑千巴蔣揚欽哲旺波』，這個名稱是蔣貢康楚仁波切所賜。湯傑的意思為一切，千巴是知道，合譯為『了知一切』。所謂的『湯傑千巴』意即沒有一樣不知道的，是全知的……蔣揚欽哲旺波到衛藏、西康等地遊學參訪十三年，在這十三年中，親近了一百五十位上師，接受他們的教法、口傳、灌頂及教導。曾依止過一百五十位上師的，在西藏是絕無僅有的，他所依止的一百五十位根本上師都是不分教派的上師，其中不共的根本上師有四位，女性上師也有四位。他將依止一百五十位根本上師所聽聞的教法集結成七百大冊，這就現在來說是無法計算的。以大藏經為例，共約四百冊。而七百冊是遠大於四百冊的，所以它難以計數。即使全世界最大的圖書館裡西藏教法的藏書也不可能有七百冊，且要七百冊均是不同的教法，更是困難。就密續教法而言，目前存在的只有五、六種之多，如：幻化網、喜金剛等，但當時蔣揚欽哲旺波就已聽聞到二十七種；他不但將所聽聞的教法合集為七百冊，並且加以修學，他親口講說自己對每一教派都非常熟悉；所以他是經學習後而成為智者、博學多聞的。試問世間能讀上七百本書的人有多少？也對於所學的七百冊教法，不只是讀誦而已，聽聞後，有自修自學。且所聽聞的是七百大冊而非七百小冊；因此，蔣揚欽哲旺波的博學多聞和智慧是不可思議的。」

除了這三位偉大上師之外，本書中所提到的米滂仁波切、帕楚仁波切等，也都是推動利美運動的重要上師，他們的生平軼事對後代深具啟發和教示，倘若沒有他們甚深的慈悲與廣袤如空的胸襟，珍貴的密乘教法可能會因為地域、文化的阻隔或教派意識的分化，而逐漸泯沒。身處混亂的世局中，還能接觸密法、得遇具德的上師，的確是無比幸福和幸運的。衷心祝願有緣結識此書的朋友，皆能從中獲得醍醐般的精神啟迪，通往證悟成佛的究竟之道！也祈願世界祥和利樂、善業增上廣布！

（本文作者為華梵大學外文系助理教授，研究藏傳佛法多年，並從事相關著作。）

【目次】

【前言】

內在生命的旅程

　　本書試圖開啟一扇門，通往一個既古老又不可思議，且和我們這個時代息息相關的世界。希望能夠由內在來探看一位藏傳佛法老師的生命，以及他們所屬的獨特文化；雖然這個文化在他自己的家鄉歷經動盪，但仍然以完整的面貌存續著。

　　一千多年來，佛教文化在西藏盛行，成為整個西藏社會的基礎。出家的比丘與沙彌尼占全人口的四分之一，這個數字在歷史上應該沒有任何人類文化能夠與之相比的。在西藏，生命的主要目標就是心靈修持，男人、女人、遊牧者、農夫和商人等一般百姓也是一樣，日常世俗活動無論有多必要，在和深刻的心靈渴望相較時，都被視為次要的。

　　西藏人之所以這麼全面地修行佛法，無疑是由於佛教對於如何成為更好的人有非常實用的方法，那就是揭露快樂與痛苦的真實經驗及其生成的原因。另一個原因，則可以歸於西藏景觀如詩如畫般地絕美、廣闊，和原始風貌的純淨；這樣的景觀為心靈生活提供了向上提昇的驅力。最重要的是，多年來藏傳佛法孕育了許多偉大的男女修行者，這些證悟的鮮活例子，不斷地鼓舞著西藏人。

　　一般而言，一個人如果看破了物質性或者以自我為中心的生活目標，他的心靈旅程會是以尋找老師為起點，然後對老師和他的開示生起信心。接著，學生用極大的虔誠心研讀和禪修。可能在寺廟中、山林隱居處，或者僅是以在家身分，運用西藏傳統生活所提供寬裕的休閒時間修行。有些修行者後來也成為合格的老師，能夠貢獻一己之力，造福他人。確實，每一位弟子在讓自己完美的過程中，也在學習真正幫助他人的方法。

　　佛法之道的根基就是利他主義。在文化層面，對他人的關懷可以藉由非暴力——對他人、對動物、對環境的非暴力——來表現：西藏人排斥戰爭、打獵和釣魚，避免過度開發而破壞國土以及豐富的自然資源。

所有旅行至雪域，或者在西藏之外遇見流亡藏人的人們，都會印象深刻，因為他們散發出屬於藏人的特殊個性——歡樂、堅強，以及對佛法深穩的信心。

五○年代末期，中共入西藏，超過十萬的藏人，流亡到印度以及其他鄰近國家。在那裡，西藏文化的深遠和廣博被保存下來。藏傳佛法四大教派的許多偉大上師們繼續傳法，在他們流亡的地區建立新的寺廟。

毛澤東死後，西藏經歷了小幅度的自由化。1981年，在完全噤聲二十五年後，流亡在外的西藏難民開始接到留在西藏親人的消息。部份寺廟開始重建，少數僧侶得到允許，能夠繼續佛法學習和寺廟訓練。而西藏世界的中心就是上師*10，也就是心靈導師。1985年，近代最偉大的西藏上師之一——頂果欽哲仁波切，在流亡三十年之後，回到西藏。前往見他的信眾所顯現的那股熱情和堅韌，應該是再清楚不過的訊號——西藏的重生與復興是可能的。而且，這絕不只是回復過去而已，因為被迫流亡，許多藏傳佛法的老師因而有機會教導和激勵其他國家的人，而這些人也已體會到這獨特文化龐大且具普遍性的價值。

這本書的主角是頂果欽哲仁波切，一個心靈導師的原型。他的內在旅程帶領他達到不可思議的智慧深度；在所有見過他的人心目中，他是善良、智慧，和慈悲的泉源。

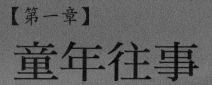

【第一章】
童年往事

父親和母親，留在您們美麗寬闊的房屋中；

我，您們的么兒，渴望的是空曠的山洞。

感謝您們給我細緻、柔軟的衣裳；

但是我不需要——我寧願穿著素樸的白毛氈。

我將所有值錢之物留下——

一個乞食缽、一根柱杖，和袈裟是我唯一需要的。

——頂果欽哲仁波切

頂果家族

　　頂果欽哲仁波切生於1910年，是頂果家族的四子。頂果家族的先祖可以追溯到西元第九世紀偉大的西藏國王赤松德贊（Trisong Detsen）[*1]。他的出生地，也就是家族的中心，位在西藏四個主要省分最東的康區（Kham）[*2]中的丹考克（Denkhok）山谷。當時的康區是由許多小王國所組成，其中最大且最有影響力的就是德格（Derge）[*3]。頂果欽哲仁波切的祖父札西策仁（Tashi Tsering）[*4]和他父親，先後成為德格國王的大臣。在他自傳中，頂果欽哲仁波切回憶：

　　『我的祖先曾經為德格國王戰死，頂果家族因而得到丹考克山谷中一塊肥沃的土地做為補償。在我曾祖父的時代，家族每到春天，都會派遣屬下一對夫妻到山谷去耕種，並監督那邊的事情，到了冬天再回德格的家中。家族眾多男孩之中，這一對夫妻特別喜歡的一位就是我的祖父札西策仁。他絕不是大家心目中最得恩寵的兒子，事實上，家族中兒子那麼多，他並沒有特別受到眷顧。所以，除了名字沒改，這一對夫妻可以說領養了他。

　　『有一年，頂果家族決定讓這一對夫妻搬到丹考克常住。他們一直瞞著札西策仁他們即將離開的事實，以免他無法承受分離的痛苦，但是那個男孩卻已經知道。當他們準備出發時，札西策仁早已裝束好，堅持要跟他們一道遠行。最後，家族決定讓他跟他們兩位一起到丹考克去住。

　　『札西策仁長大之後，成為德格非常有影響力的人士，並且成為德格政府中

前頁圖／高聳在丹考克山谷邊的巴拉山（Mount Bahla）。頂果欽哲仁波切誕生在此山域，並曾在此山中的岩洞裡長期閉關。

頂果欽哲仁波切出生地東藏康區的丹考克山谷，此地為頂果家族祖先為德格國王戰死後獲贈的土地，圖中
所見為金沙江，此河下游即為長江。

重要的大臣。大家尊重他，不只是因為他為人誠實，也是由於他的智慧和學習態度。他的妻子是一位虔誠的佛教徒，長時期修行大慈大悲觀世音法。而他們的兒子就是我父親。

蔣揚欽哲的告誡

『我們家族的主要上師是蔣揚欽哲旺波（Jamyang Khyentse Wangpo Rinpoche）和蔣貢康楚（Jamgön Kontrul Rinpoche）*5。儘管我祖父曾經警告我父親，說蔣揚欽哲絕對不會贊成他打獵，但是當時尚年輕的父親經常喜歡出去打獵。有一天全家去宗薩寺（Dzongsar Monastery）*6見蔣揚欽哲。蔣揚欽哲就把我父親叫到他房間去，問他說：「你是不是在殺動物？」

『「是，」我父親緊張地回答，「殺了一些。」從來沒有人會想對喇嘛說謊。

『「頂果家族非常富裕。你沒有必要打獵。」蔣揚欽哲回答。「你今天必須發誓，絕對不再打獵。」接著他手上拿了一尊神聖的佛像，放在我父親頭上。我父親感到不舒服且羞愧。

『當他回到自己的住處，我祖父就問我父親，「仁波切對你說些什麼？」我父親百感交集，說不出話來。我祖父堅持地問：「他是不是叫你不要再打獵？」

『「是。」我父親承認。

『其實我祖父從來沒有對蔣揚欽哲說過任何關於父親打獵的事。他只可能透過一種偉大的神通力才知道這件事。從那天開始，我父親再也沒去打獵。

『我母親是德格政府中另一位大臣的女兒。她一向很溫柔，而父親的脾氣比較嚴厲。

綿延無盡的牧地上，點綴著幾家牧民們的犛牛帳棚，這是東藏地區典型的夏日景觀。通常一個家族的成員會散居為幾個帳蓬而形成一個聚落，共同照顧幾百隻牛羊群。牧民們與寺廟間保持著相當密切的關係，一般來說家族中會有一、兩個兒子到寺廟中出家。圖中的這個家族就有一個兒子到尼泊爾雪謙寺出家，負責電腦藏文輸入方面的工作。

西藏人的出家比例為四分之一。即使不是出家人，生命的主要目標也仍然是心靈修持，世俗之事不論多重
要一旦與心靈的修持相較時，都變成次要的。

『我們家大的像宮殿一樣，有超過一百多間房間，其中有許多間美麗的佛堂。主要的寺廟在房子西廂，在那裡，就算樂器吹奏得再大聲，在我父母住的東廂根本就聽不到。我大概七歲的時候，喜歡拿一塊大紅布圍在身上，就像僧侶一樣，也要我們的僕人做同樣的事，於是我們七、八個人就會一起修法。我父親來訪的客人很多，當他們看到我們的時候，就問我們是哪一間寺廟來的，我們就會咯咯地笑。

『夏天早上上完課，我就會到山裡，在充滿野花的草原上搭起帳篷，整天都待在那兒，也在溪流中嬉耍，到了下午大約四點，才回家繼續讀書。

『我們家有超過一萬頭的牲畜。大部份都是游牧家庭在看管，他們可以因此得到牲畜所帶來的一部分收入。晚春時雪融化了之後，有大約兩個月時間，許多人會在我們的田裡耕種，秋天收成的時候，又有兩個月是這樣的。

『我父親五十多歲時，發生了一次地震，我們在丹考克的家垮了，我祖父、祖母和大哥都在那一次地震中喪生。

轉世喇嘛

『在我父母第三個兒子出生前不久，家中的喇嘛作了許多吉祥的夢。在其中一個夢裡，他夢到我們家聚集了很多人，有人正在敲一對班千寺（Benchen Monastery）*7著名的鑼。那一位喇嘛解夢說，這意謂著即將誕生的兒子是一位偉大的上師，也就是班千寺住持桑傑年巴（Sangye Nyenpa）的轉世。可是我父親竟大怒，他絕不希望兒子被送入寺廟系統。他跟那位喇嘛說，如果他沒有在家中住那麼久，不是那麼要好的朋友，他就會罰他抽打一百鞭。他同時要那位喇嘛發誓，絕對不說出他的夢。但是不久之後，大寶法王（Karmapa）*8頒令

■文殊咒（右圖）

　　文殊菩薩的咒語有一字、五字、六字和八字咒。圖中為較普遍的藏文文殊五字咒「唵阿拉巴紮那第」，咒輪由十二點鐘位置開始順時鐘方向為「唵-阿-拉-巴-紮-那」正中心為種子字「第」。

■文殊菩薩（左圖）

　　文殊菩薩，梵文 Manjusri，舊稱文殊師利，文殊是妙之意，師利是頭、德或吉祥之意。文殊菩薩是佛陀的大弟子，智慧、辯才第一，為眾菩薩之首。其外形為頂結五髻（代表大日如來的五智），左側第一隻手屈肘置於胸前結轉法輪印（或名說法印），第二隻手執寶弓，右側第一隻手執金剛寶劍，第二隻手持箭，身後左側的蓮華之上，載放著般若波羅蜜多心經。寶劍比喻至高的智慧猶如鋒利之劍，能斬斷一切無明煩惱，與摧伏無數邪魔外道，蓮上經書則象徵般若智慧浩瀚如書卷，且清淨不染，此二物為其重要、鮮明的標誌。

　　文殊菩薩為佛陀釋迦牟尼的左脅侍，與右脅侍普賢菩薩同立於佛陀身側時合稱「釋迦三尊」。另外，又與昆盧遮那佛、普賢並稱為「華嚴三聖」。

說，這位孩子的確是桑傑年巴仁波切的轉世，我父親不得不把孩子送到班千寺。他不禁擔心，其他的兒子也會被認證為轉世喇嘛。

『我母親懷我這個第四個兒子的時候，我家人去見一位偉大的喇嘛米滂仁波切（Mipham Rinpoche）*9。他就住在離我們莊園一小時步行路程的閉關所。他立刻詢問我母親是否有身孕。我父母確認後，就問他是生男或生女。

『「是兒子，」米滂仁波切說，「他出生的那一刻，你一定得讓我知道，這事非常重要。」

緣在文殊

『米滂仁波切給我母親一條護身繩，以及文殊菩薩（Manjushri）*12的加持丸*10，說我一生出來就要交給我。我出生的那一天，在我喝下第一口母奶之前，有一位喇嘛就按照規定把那些丸子摻在紅花水*11裡，用那水在我舌頭上寫下種子字*12「第」，也就是文殊菩薩心咒的精義。

『當我三天大的時候，父母把我帶去見米滂仁波切。他說了一些話，意思是說我是一位特殊的小孩。我一生出來就有長長的黑髮蓋住眼睛。父親問是不是該剪掉，但米滂仁波切說不要，還親手把頭髮綁成五絀，就像是文殊菩薩的頭髮一樣。在我母親的懇請下，他給我取了一個名字「札西帕卓」（Tashi Paljor，吉祥的榮耀），還親手寫在一張小紙條上。這張紙條，我母親後來一直存放在自己的祈禱經文中。

『不久之後，我父母再次帶我去見米滂仁波切。他當場修了一個文殊菩薩加持法加持我，並說：「在你的所有來生，我都會照顧你。」這個來自他的加持，我覺得是我這一生中最重要的一件事。

羅迭旺波的夢

『在我一歲大的時候，一位薩迦派（Sakya）*13的偉大喇嘛羅迭旺波（Loter Wangpo）*14來到我們家。他是蔣揚欽哲旺波最重要的薩迦派弟子。當時我們家附近有瘟疫，父母擔心我會染上疾病，安排我和母親到高山上，住在我們一位遊牧佃農那裡。羅迭旺波來的時候，我母親就把我帶下山去見他。

『他加持了我，做了一些念誦，然後向我母親說：「這個小孩和其他小孩不同。我想看看他手上的掌紋。」他站起身——這並不容易，因為他非常胖——把我帶到寺廟的門口。藉著日光，他看著我的手心，說：「確實是一位不同凡響的小孩。」

『他把我帶回他的住處，給我一顆從蔣揚欽哲旺波的念珠串上摘下來的珠子，這個就放在他一直掛在脖子上一個小紅緞子的包包裡。他同時用綢緞做了一個護身繩，然後叫他的隨從去拿一條長長的白色絲巾，上面織有許多吉祥的祈請文。略為小氣的隨從拿了一條普通的絲巾來，羅迭旺波生氣地叫他回去拿一條更特別的絲巾。隨從回來了，帶著一條破舊、又有污點的絲巾，羅迭旺波更生氣，叫他去拿一條新的純白色絲巾來。

『我母親非常謙遜地一直說：「不用了，那個就很好了。」

『可是羅迭旺波說：「不行，我一定得拿一條完美的絲巾。這個孩子是我老師蔣揚欽哲旺波的轉世。連續三天，我一直做夢看到蔣揚欽哲旺波，當我看到這孩子，我就確認無疑。」

『任何重大的事情我父親都會請教米滂仁波切，這次米滂仁波切說：「還太早，不能公開認證這小孩就是蔣揚欽哲仁波切的轉世。這樣會惹來麻煩。」所以我父親暫時不用把我獻給羅迭旺波，我也不用被送到宗薩寺去。

雪謙寺位於今日四川省甘孜州德格縣北部(舊屬東藏)，與西藏隔金沙江相望，始建於公元1695年，為藏傳佛教寧瑪巴六大寺之一。頂果欽哲仁波切即於此寺出家，學習，修行。雪謙寺的建立緣起於第五世達賴喇嘛(1617-1682)，他曾派遣三位他最主要的寧瑪巴弟子，囑咐他們每人建立一座寺廟，其中一位冉江滇佩賈參（Rabjam Tenpai Gyaltsen）到達康區後，蓮花生大士化現，指示冉江滇佩賈參在一個狀似躍獅的白色岩石附近興建寺院，並授記：「他將為佛法帶來無限廣大的利益。」雪謙寺於是成為康區的佛法中心，並逐漸擴展成一百六十餘個寺院。並孕育出許多著名的學者和無數的成就者，使它很快地成為寧瑪巴傳承的六大主要寺院之一。

佛教在西藏盛行，成為整個西藏社會的基礎，同時也孕育了許多偉大的男女修行者，他們求道證悟的鮮活
例子，不斷地鼓舞著藏人去追求心靈的提昇，而上師的尋訪就是這個心靈之旅的起點。

初遇雪謙賈查仁波切

『我兩歲那一年，米滂仁波切過世，雪謙賈查仁波切（Shechen Gyaltsap Rinpoche）來參加葬禮。在他來訪期間，我經常去探望他。他跟我父親說，過一段時間，應該把我送到雪謙寺給他，這樣我才可以利益佛法，以及所有眾生。我父親問他是什麼指示令他這麼想？雪謙賈查仁波切幾乎從來不談這些事，卻回答說，前一天晚上他做了一個夢，看到我們寺廟中的長壽佛護法策仁瑪（Tseringma）的佛像變成護法本身，告訴他要照顧這個孩子，因為這個孩子可以利益佛法。我父親非常直接，說如果這是真的，他願意讓我到雪謙寺。但是如果只是為了在寺廟中占有一個寶座，然後又被捲入宗教政治之中，他就不願意讓我去。雪謙賈查仁波切向他保證，我將會利益佛法以及所有眾生，我父親於是就答應了。不過那個時候我年紀還太小，不能被送到雪謙寺。

『米滂仁波切圓寂之前，他對終身服侍他的侍者和弟子宇色喇嘛（Lama Ösel）說：「我死的時候，你會感受極大的痛苦，但是不會太久。」米滂仁波切圓寂之後，宇色喇嘛幾乎瘋掉，不吃不喝，不安地從他的房間進進出出。一百天之後，他禪觀看到米滂仁波切在天空中，戴著班智達（pandita）[*15]的帽子在書寫經文。空中的米滂仁波切每寫完一頁，就拋下來給宇色喇嘛。那些字不是用黑色墨水，而是由燦爛的金光寫成。宇色喇嘛看了其中一頁，讀出幾個字：「宇色（Ösel）[*16]……嘉路（Jalu）[*17]……多傑（Dorje）[*18]……明光……虹光身……金剛……」接著，米滂仁波切對著天空做出手勢，說了三遍：「宇色嘉路多傑！」自從那天以後，宇色喇嘛的悲傷完全褪去。

『不久，我被帶去見昆桑德千多傑（Kunsang Dechen Dorje）這位有非常高成就的上師。他說：「這個孩子和我以前就相識。」然後他問我：「你認識

我嗎？」

『我父親重複問：「你認識他嗎？」

『我略為害怕地說：「認識，我認識他。」

『昆桑德千多傑說：「多生多世，我們兩個之間有緣。我要給他一個珍貴的禮物。」他收藏了一組珍奇的杯子。雖然他對金子、銀子和其他財物都沒有什麼興趣，但是他很珍惜他那一組杯子。他對他太太說：「把我那一盒杯子拿來。」他把其中一個非常漂亮的杯子盛滿葡萄乾，獻給我。

『我父親告訴德千多傑我們正要到拉薩去朝聖，請求他的加持。

『他說：「我會為你們祈禱。通常我會忘記我應該把誰的名字加在祈禱之中，除非我太太提醒我，但是我永遠不會忘記這個孩子。」

『我們旅行至拉薩朝聖。那裡有另外一位喇嘛達龍瑪楚（Taklung Matrul）告訴我父親：「你要好好地，仔細地照顧這個孩子，他一定是一位轉世活佛。」

驅除障礙

『我父親沒有說什麼。但是當我們回到住處時，他即聲明：「喇嘛們不想讓我保有這個兒子，但是我是不會讓他做喇嘛的。我們家族那麼大，財產那麼多，有那麼多土地要看管。我要他當普通人就好，這樣他才可以掌管這一切。」

『等到我們回到康區後，我父親、大哥雪竹（Shedrup）和我去見偉大的上師阿宗竹巴（Azong Drukpa）。他令人印象深刻，身穿一件白色生絲襯衫，領子是紅色緞子，脖子上掛了一串牛角，烏黑的長髮帶著幾許銀絲，並在在頭頂上綁上一條絲巾。他問我父親，將來是不是要我看管家產，因為我那時穿的是在家弟子的袍子，長髮是德格式的盤頭。

藏人之所以能這麼全面性地修習佛法，與其土地的絕美、廣闊與純淨不無關係，這樣的景觀為心靈生活提供了向上提昇的驅力。圖中地點為藏東地區桑耶寺附近。

『接著他笑著說：「沒錯，某種程度來說，他會持有家產。但是有一個大障礙。要不要我幫忙把問題找出來？」我父親點頭。

『片刻後，阿宗竹巴說：「你最好讓他出家。」

『我父親回答說，讓我出家是件非常困難的事。

『「那我來驅除障礙吧！」阿宗竹巴說。

『他們拿出一枝象徵長壽的長壽箭測量長度。阿宗竹巴做了一個長壽念誦，然後重新測量那一枝箭的長度。結果那枝箭已經縮短了一個手指頭的長度。

『「你看，」阿宗竹巴說，「這就是我說的障礙！」

『父親似乎沒有覺得特別怎麼樣。阿宗竹巴再做了三次同樣的念誦，並拉了一下那一枝箭。他們再重新測量那一把箭，這一次，它比最初還要長。

『阿宗竹巴說：「我可不是一個普通人。我再次聲明，你最好讓他出家。」

『但是我父親還是沒有反應。接著連續七天，阿宗竹巴幫我做長壽加持。最後一天他說：「我現在已經把障礙去除掉了。」

『不久後，我們回到家，沒有人再提起我出家的事情。

剃度出家

『在回丹考克的路上，我們見到了卓千仁波切（Dzogchen Rinpoche）*19。他正在卓千寺（Dzogchen Monastery）*20前面一個大石頭旁主持一個野餐會。他同樣也說我會有障礙。要解除這些障礙，我們就必須盡量放生。回家之後，因為父親擁有許多牲畜，於是我們讓上千頭綿羊、犛牛、和山羊免於屠宰的命運。

『那一年，我被一鍋湯燙傷了。每年夏天是我們莊園耕作上最忙碌的季節。

在那個季節，我們會雇用許多臨時工。為了準備他們的伙食，需要用一個巨大的鍋爐煮上大量的湯汁。有一天，我和哥哥一起玩耍，我一不小心掉到滾燙的湯鍋裡，下半身嚴重燙傷，有好幾個月都得躺在床上。雖然家裡幫我念誦了許多長壽祈請文，我的病情卻一直沒有好轉。

『父親非常焦急地問我：「你覺得修什麼樣的法有幫助？只要能挽回你的命，不管什麼方法，我們都一定照做！」

『我真正最想做的就是出家，所以我回答說：「讓我穿上僧侶的袈裟就有用。」父親沒有食言，趕緊地幫我裁製袈裟。當袈裟披在身上，躺在床上的我不禁欣喜若狂。我還要求放一個鈴和修法用的手鼓在我的枕頭上。

『第二天我請了宇色喇嘛來幫我剃髮。聽說在那一天，我們家許多老佣人都掉下眼淚，說：「頂果家族最後一個兒子已經剃度，這個家族血脈算是斷了。」但是我很高興健康情況很快就有改善，夭折的風險也降低了。那時我已十歲。」』

 給父母的一封信

我最親愛的父母，我致上最高的敬意！
您們給了我生命，賜給我珍貴的暇滿人身，
從嬰孩到現在，您們一直用愛來照顧我，
為我引見真實的上師，
感謝您們的慈悲，我才能夠接觸解脫之道。

普賢上師的生平，
我已經充分地聞、思、修，
一般人所在乎的這一切，
我將安靜地離去，
在空曠、無人的山谷中流浪。

父親和母親，留在你們美麗寬闊的房屋中；
我，您們的么兒，卻渴望的是空曠的山洞。

感謝您們給我細緻、柔軟的衣裳；
但是我不需要——我寧願穿著素樸的白毛氈。

我將所有值錢之物留下——
一個乞食缽、一根柱杖，和袈裟是我唯一需要的。

我把榮華富貴一切都拋開，無悔無憾；
一小冊甚深的指示是我唯一想收藏的。

我將離開這奼紫嫣紅的花園，
獨自走向懸崖斷壁的荒野。

我不需要隨從，他們只會增添憎恨和執著：
我唯一渴望的伴侶是鳥和野生動物。
之前，在我無上上師面前，
當他給我「祕密心精要」灌頂，
我就許下宏願，棄絕世俗生活的一切活動，
依佛法來修行。
這個承諾深深地銘誌我心——
我不得不離去，至了無人跡的深山中閉關。

現在，您們的兒子要到山谷中隱居，
但是，您們的笑容會永遠陪伴著我，
我不會忘懷您們慈悲的照顧；
如果我能達到經驗和體現的城堡，
可確信的，我會回報您們的恩賜！

——頂果欽哲仁波切於十三歲時所寫

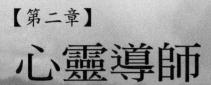

第二章

心靈導師

上師像一艘偉大的船隻，帶領我們渡過生命險惡的海洋。

他是一位永不偏離航線的導航者，引領我們踏上解脫的乾地。

他是甘露雨，熄滅著我們負面情緒和行為的大火。

他是光耀的太陽和月亮，驅除無明的黑暗。

——頂果欽哲仁波切

前世蔣揚欽哲旺波

頂果欽哲仁波切的前世蔣揚欽哲旺波，花了十三年時間奮力地走遍全西藏，為的就是要收集和接受上千種不同的佛法實修傳統和傳承，其中有許多已經接近失傳邊緣。他背著背包，謙遜地徒步旅行，據說在過程中走穿了三雙鞋子。在他收集到這些重要的教法後，就和另一位偉大的上師蔣貢康楚，不辭辛勞地編輯和整理，結集成五大卷出版，然後開始向弟子們傳授這些經文，並給口耳傳承和灌頂。如果少了這些活生生的傳統，這些書籍本身對後代來說，就只剩下象徵性的價值。由於蔣揚欽哲旺波保存了這麼多珍貴的法教，因而推動了利美運動*¹，許多當代藏傳佛法大師也都從這個運動中深獲啟發。蔣揚欽哲旺波在四十歲時進入終生閉關，直到他七十三歲圓寂為止，從未離開閉關處。

僧侶生活的開始

雪謙位於德格的東北，是寧瑪巴六個主要寺廟之一。在這裡，蔣揚欽哲旺波親近的弟子雪謙賈查仁波切正式認證了年輕的頂果欽哲仁波切，就是蔣揚欽哲旺波這位不可思議的偉大喇嘛五位轉世的其中之一，並在此為頂果欽哲仁波切坐床。那時他還是個十二歲的小孩子。頂果欽哲仁波切曾經敘述他和他的老師在一起那一段黃金歲月：

『我十歲剛出家當僧侶後，一位偉大的學者名叫堪布賢嘎（Khenpo Shenga）路過丹考克，正要前往奇耶庫（Kyerku）創建一所寺廟學院。他感覺到我是他老師安波天加（Onpo Tenga）的轉世，而安波天加也是我父親的根本上師。堪

前頁圖／遠眺丹考克山谷。頂果欽哲仁波切早年曾在這附近的山谷中前後修行十三年之久。

欽哲傳承圖。蔣揚欽哲旺波（1820～1892）四周圍繞著其前世與欽哲傳承中重要上師。蔣揚欽哲旺波為德格王祕書的兒子，在德格境內薩迦派的寺院出家。蔣揚欽哲旺波曾接受各大教派教法，跟隨一百五十多位上師求法。後來，在將近四十歲時，不再學法，而開始終生閉長關，在藏東的宗薩佛學院裡，他從未跨出自己的房門一步，完全閉關實修。蔣揚欽哲旺波、蔣貢康楚，秋就林巴三人同為利美運動的主要推行者。簡言之是對於不同的門派勿持分別之心，他們主張遵循自己的傳承努力修行，同時承認其他的教派和傳承具有同等價值而給予尊重。他也是寧瑪派的五大伏藏師之一，又名東噶林巴。蔣揚欽哲旺波在七十三歲圓寂，他曾經得到無垢友的授記，說他圓寂之後在西藏會有五位化身。而他的轉世中，成為他的事業化身的是宗薩蔣揚欽哲卻吉羅卓，成為他心意化身的則是頂果欽哲仁波切。

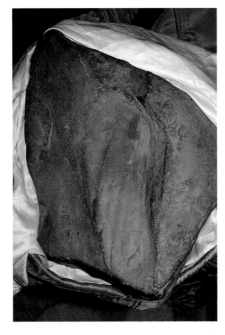

右圖／雪謙賈查仁波切（1871-1926）是蔣揚欽哲旺波仁波切的弟子，也是頂果欽哲仁波切轉世的重要認證者。

左圖／有一回，雪謙賈查仁波切本要進行一次長達三年三個月三天的閉關，但只閉了三個月就出來了，他說他已經完成了要做的事。第二天早上，隨從發現閉關處入口有一個腳印。這個腳印到現在還保存在雪謙寺。

布賢嘎跟我說，我應該到他的寺廟學院去讓他教導。於是我到了奇耶庫，從堪布賢嘎那邊得到《入菩薩行論》（ *The Way of the Bodhisattva* ）[*2]和中觀（Madhyamika）[*3]學詳實的開示。每天早上，我會向他學法，然後自修。每天下午，他會針對早上所教的問我問題，我會回答，然後向他背誦進度中應該背好的幾頁經文。他下午偶爾也會帶我到外面玩。有一次，他教我如何對著他茅屋面前的大石頭丟小石頭，好讓大石頭附近忙碌的田鼠倉皇逃離，他的技術非常好。他希望我因此覺得有趣，讓我不會對學習感到無聊。

　　『不久之後，堪布賢嘎離開了奇耶庫，到德格的虹光洞（Rainbow Light

Cave）去閉關。在那裡，他像密勒日巴尊者（Milarepa）*4一樣，嚴格地閉關。我跟隨著他，和他在那裡住了五個月，繼續接受開示，當時學到的包括帕楚仁波切（Patrul Rinpoche）*5的《普賢上師言教》（*The Words of My Perfect Teacher*）*6。有一天，堪布賢嘎對我說：「看著心的本性，告訴我是怎麼樣？」在懸崖山腳下，離我們帳篷不遠處有一片美麗的草原，我就坐在那裡禪定，有一種感覺顯現——心的本性是空而明淨的。我把這感覺向堪布賢嘎報告，他和偉大的隱士昆嘎巴丹（Kunga Palden）都非常喜悅。他們把這詮釋為我過去世曾經修行的證明，但是我認為自己一定是透過中觀學習，概念式地理解到這個答案，我懷疑自己沒有直接體驗到心的究竟本性。

尋訪心靈之師

『回家一段時間之後，我大哥雪竹跟我說，讀書雖然重要，但是單憑理論的知識是不夠的。他勸我尋找持有最高體驗的老師。依他的觀點，當時活著最有成就的老師就是雪謙賈查仁波切。我另外一位哥哥桑傑年巴仁波切，剛完成三年閉關，也非常想見雪謙賈查仁波切。於是我們三個，加上我父親和另外十個人，就出發前往雪謙。

『我們到達雪謙時，雪謙賈查仁波切的隨從用兩塊祈福的吉祥布歡迎我們：一塊給我，一塊給桑傑年巴仁波切。他轉達了雪謙賈查仁波切的願望，說這是我們兩位第一次在雪謙會見他，所以必須要等到吉祥的日子才能會面。而雪竹因為曾經到過那裡，隨時可以去見他。

『我們等了三天才得到通知。對我來說，等待見老師第一面的日子感覺上非常長。我們最後總算被帶到他閉關的地方。雪謙賈查仁波切並沒有披袈裟，而

是穿著有羊毛內裡的黃色夾襖。他很少離開閉關的地方，所以頭髮長到尾端都捲了起來，披散在肩膀上。我們就座後，隨從奉上甜紅花米飯。雪謙賈查仁波切想知道桑傑年巴仁波切這一段時間見過那些老師，以及他所得到的開示。桑傑年巴仁波切大約花了三小時一一回答他的問題。

雪謙寺的喇嘛們

『雪謙賈查仁波切的閉關處位在山邊突出來的地方，從雪謙寺往山上走大約要四十五分鐘。通往這美麗之處的小徑非常陡，雨季的時候很滑。從窗戶往外望，可以看到下面山谷中的寺廟和河流，環繞著終年積雪的高山。在閉關處的正下方，杜松草之中，有一個平台，很適合在天氣晴朗時安靜地坐著。再下面一點有一個小山洞，名叫「偉大喜樂明光山洞」（Cave of Luminous Great Bliss）。這是雪謙賈查仁波切閉關好幾個月的地方。閉關處的上方還有更多的山洞，其中一個，神聖的佛像似乎自然湧現在岩壁上。往下到寺廟一半路程的地方是雪謙寺主要的閉關中心，一次可以提供二十位僧侶共同修持傳統的三年三月三天的閉關。

『雪謙賈查仁波切無疑是那個時代最有學問、最有成就的喇嘛之一。有一回他開始進行一次三年閉關，但是令大家非常驚訝的是，他只閉了三個月就出關了，說他已經完成他所要做的事。第二天早上，他的隨從發現閉關處的入口有一個腳印。文化大革命時，那塊石頭被弟子們取下藏起來。現在，到雪謙寺還可以看到這塊石頭上的腳印。

『雪謙寺曾經住有兩百位以上的僧侶。住持是雪謙冉江仁波切（Shechen Rabjam Rinpoche），也是我的主要老師之一。以前是他在教導僧侶，並給他們

右圖／雪謙康楚仁波切（1901-1960）。

左圖／第六世雪謙冉江仁波切（1910-1959），也是雪謙寺的住持，他的第七轉世即為頂果欽哲仁波切的外孫雪謙冉江仁波切。

灌頂。他也旅行到其他寺廟去傳法，遠至中藏。

　　『雪謙還有第三位偉大的喇嘛雪謙康楚仁波切（Shechen Kongtrul Rinpoche）。他住在賈查仁波切閉關處另外一邊山峭的平台。那是一個令人歡喜之地，有一片草原，夏天遍地開滿黃花，有一片濃密的樅樹林，長滿味道芬芳的蘑菇。雪謙康楚是一位偉大的禪定上師，和雪謙賈查一樣，並未參與寺廟行政。寺廟的行政工作是由雪謙冉江負責。

宗薩蔣揚欽哲卻吉羅卓
（1893-1959）與頂果欽哲
仁波切同為蔣揚欽哲旺波
的轉世，也是頂果欽哲仁
波切第二位重要的上師。
仁波切原駐錫西康省薩迦
的宗薩寺，五〇年代自西
藏出走來到錫金，受王室
的供養，弘法施教，開辦
宗薩學院，於1959年圓
寂，頂果欽哲仁波切此時
剛由西藏逃抵錫金，於是
得以為他主持超渡法會。

『有一天，我們被召喚到雪謙賈查仁波切的閉關處。我們一到，他就告訴我們他那一天會開始傳法，而第一個灌頂就是根據敏珠林傳承（Mindroling tradition）*7的金剛薩埵（Vajrasattva）*8修行。接下來幾個月，他給我們寧瑪巴經文裡面所有重要的開示，米滂仁波切《全集》(Complete Works)的口耳傳承，以及偉大的寧瑪巴大師龍欽巴（Longchen Rabjam）*9的《四部心要》（Four-Part Heart Essence）。在得到這些開示之後，我經常會去拜訪雪謙賈查仁波切。他非常喜歡小孩，似乎也喜歡和我開玩笑、和我玩耍。他一直非常溫柔和體貼，一輩子幾乎從來不生氣。在進行長開示的時候，他會特別去和年輕的喇嘛玩耍，跟他們說故事。

開啟心之本性

『雪謙賈查仁波切給與灌頂的時候，他做出手勢，指向我的方向，教我認識心的本性，他的表情和眼神是那麼瑰麗和偉大，以致我經常會感動到無法自已。我感覺自己因為虔誠度不足，只是看到老師一般人的形式，但我所得到的灌頂，與偉大的蓮花生大士（Guru Padmasambhava）本人所傳給他二十五弟子的灌頂是無二無別的。我的信心愈來愈強，當他再望向我，指著我說：「什麼是心的本性？」我極端虔誠地想著：「他真是一位偉大的瑜伽士，能夠見到實相的究竟本性！」我開始在實證上了解如何禪修。

『我下一次到雪謙寺的時候，就在雪謙賈查仁波切主持之下，成為新入門的僧侶。我之前已經在堪布賢嘎主持之下受了出家戒，但是我跟雪謙賈查仁波切說，我希望能夠由他再主持一次出家戒。他跟我說，受戒兩次是可以的，就如同一座舍利塔能夠塗上好幾層金一樣。

『當宗薩欽哲卻吉羅卓（Dzongsar Khyentse Chökyi Lodrö）[*10]第一次和雪謙賈查仁波切談起我的時候，他曾經說：「我見過這個孩子，我強烈感覺他是蔣揚欽哲旺波的一個轉世。請你多照顧他，我也會盡自己所能來幫助他。我把話說清楚一點，我請求你給與『口訣伏藏』（Treasure of Instructions）的傳承。」這就是雪謙賈查仁波切決定傳給我的下一個傳承。他說這些法只傳給真正認真的修行人，在傳法的過程中，他只會見那些由他所揀選的弟子。他寫了一張單子，在門口附近立了一個牌子，標出閉關的界限。「伏藏」包含藏傳佛法八個主要派別[*11]的開示。雪謙賈查仁波切開示的過程中，聲音並不大，但是很清楚，我能夠理解他所說的一切，直到我老了都還能記得。我真的把他視為我的根本上師，是他開啟了我認識心的本性之門。

奇妙的經驗

『開示的過程中，宗薩欽哲卻吉羅卓有一份經文，我被叫去跟著他一起看。到了一個階段，雪謙賈查仁波切有一段時間身體不適，在這期間，宗薩欽哲卻吉羅卓傳了一些其他開示的口耳傳承。雪謙賈查仁波切在他的房間養病，而因為他的房間有一扇窗戶直接連到我們聚集的小佛堂，他也能夠參與整個過程。我坐在他的窗邊，他們要我一邊聽口耳傳承，一邊校正他的經文版本。能夠有機會每天見到他，和他一起做校正經文的工作，真是奇妙。有時候，宗薩欽哲卻吉羅卓會叫我寫詩。雖然我還年輕，卻寫得相當好。雪謙賈查仁波切非常滿意，說我將會成為一位好作家。

『總共加起來，那一次的開示花了三個月時間。最後，我們做了為期兩天的迴向儀式，包括一次大薈供[*12]，雪謙賈查仁波切親自帶領念誦。這是個非常稀有

蓮華生大士

蓮華生大士，原是八世紀左右的北印度烏仗那國（今巴基斯坦）的密教大師，以咒術降魔而聞名。曾於當時印度密教的中心地之一孟加拉國修學，並以瑜伽行派的密教學者身分活躍於那爛陀大學，博通大、小乘教法。

西元773年，蓮花生大士入藏弘法是應藏王赤松德贊之邀。當時赤松德贊王雖有心推行佛法，但是因崇信巫術的苯教勢力依然龐大，所以在寂護大師的推薦下請蓮花生大士入藏，以其神通與法力降服苯教鬼靈，令其成為佛教的護法神助興佛法，並在拉薩之東興建桑耶寺。寂護又自印度迎請十二名說一切有部的上座比丘為尊證，引度七名藏人出家，史稱「七覺士」，是西藏佛教史第一座具備僧寶的正規佛寺，蓮師之密教傳承於焉開展，除著名的二十五王臣外，尚有不可勝數的持明瑜伽士。後世人稱寧瑪派，又因其僧侶著紅帽，所以亦稱紅教。

蓮花生大士在世時曾埋下無數的法寶經卷，待後來的有緣掘藏者自空中、水中、岩洞裡或弟子的自心中，取出這些教法與法寶（如佛像、法器、經卷或圖像等），形成寧瑪派在教傳之外很特別的伏藏傳承。

蓮師最後成就「虹光身」（又名俱生光明身），於剎那間融契於法爾圓成的大遊戲境，顯現三身五智化虹光而去，一切時空皆無法限制、已無生死之縛，將長久住世度脫眾生。

■蓮花生大士鄔金淨土（上圖）

蓮花生大士戴蓮冠，左手捧嘎巴拉(頭蓋骨所做的法器)，天杖斜靠肩上；右手執金剛杵置膝上做禪定姿。圖中島上所繪為蓮師的內證世界，島外下圍為蓮花生大士世間的本生故事。上方天際有四尊蓮師，由左至右分別為藍、黃、紅、綠加上中間主尊白色，取五方佛五色化現之意。

■蔣揚欽哲旺波禪定中所見之蓮花生大士（左圖）

此圖中蓮師右手高舉執金剛杵做期剋印，表降服之意，左手托嘎巴拉內置長壽寶瓶。天際最上方中間為阿彌陀佛，右方為馬頭明王，左方為白度母。阿彌陀佛與蓮師之間為四位祖師。主尊蓮師左右緊斜上方兩群圖像分別為忿怒蓮師（左斜上方）與財續女（右斜上方）。主尊緊斜下方為蓮師的兩位佛母，左下為印度公主曼達拉娃，右下為耶喜措嘉。唐卡最下方一排由左至右為財寶天王、二臂黑天、大黑天、一髮母和祥壽天女等護法。

的盛會。

坐床大典

『開示結束後，雪謙賈查仁波切正式給我坐床，認定我是蔣揚欽哲旺波心意的轉世。欽哲旺波有五種轉世，分別是他身、語、意、功德和事業的化身。宗薩欽哲卻吉羅卓是他事業的化身。

『坐床的那一天早上，我爬上往關房的小路。在關房裡面，一個大寶座已經擺設好了。當時還非常年輕的雪謙康楚手裡拿著香，雪謙賈查穿上他最美麗的衣服。他們要我坐在寶座上。房間裡只有幾個人在。他們念誦祈禱文，內容在描述弘法時空的莊嚴特質、上師和弟子的莊嚴特質，以及弘法內容的功德。儀式是由雪謙賈查仁波切主持，他給了我許多寶貴的禮物，象徵著眾佛的身、語、意、功德和事業。他給了我曾經是米滂仁波切和蔣揚欽哲旺波擁有的釋迦牟尼佛像，象徵著佛的身。他給了我許多著作，象徵著佛的語。他給了我米滂仁波切用了一輩子的鈴杵，象徵著佛的心意。他給了我所有灌頂需要的法器，象徵佛的功德。最後，他給了我米滂仁波切的印章，象徵佛的事業。接著雪謙賈查仁波切給了我一份文件，上面寫著：「今天我認定頂果家族的兒子為蔣揚欽哲旺波的轉世。我給他命名為久美德卓天百加臣（Gyurme Thekchog Tenpai Gyaltsen），意思是『至高乘不可變動的勝利旗子』。我把所有過去偉大上師的開示託給他保管。現在，我死而無憾。」

『這和其他事件，可以代表我在雪謙和賈查仁波切度過的五年時光。在那裡，我並沒有住在寺廟內，而是住在山上的關房。

『後來回到家裡，我花了大概一年的時間在一個叫做柏楊山普特力（Boyam

頂果欽哲仁波切二十多歲
左右閉關隱修時攝。

Samphutri）的山洞中閉關。冬天，我沒有出關，請求學問淵博的堪布圖巴（Khenpo Tugpa）前來給我《祕密精要密續》（*Tantra of the Secret Quintessence*）的詳細開示。他總共跟我講解了三遍，我不但把本文完全背起來，也把龍欽巴三百頁的評論也背了下來。

　　『一段時間後，我到堪布圖巴的住處康馬璃特（Kyangma Ritro）去。那裡只有帳篷，沒有寺廟或者其他房屋。也就是在那裡，我十五歲那一年，收到父親的一封信，得知雪謙賈查仁波切圓寂了。那一剎那之間，我的心突然一片空白。然後，突然間，關於老師的回憶，強烈地從我心中昇起，我不可抑遏地哭泣。那一天，我感覺自己的心已經從胸膛裡被撕裂開來。我回到丹考克，開始了山中的閉關，這一次長達十三年的時間。』

閉關生活

雪謙賈查為年輕的頂果欽哲仁波切傳了許多法，並且引領他認識到自己內心真實的本性。頂果欽哲仁波切向他敬愛的上師承諾，他也會同樣慷慨地佈施佛法給任何向他請求指示的人們。雪謙賈查圓寂的時候，頂果欽哲仁波切才十五歲，為了將自己準備好，接下來十三年的大部分時間他都在做禁語閉關。他選擇在自己出生地丹考克山谷附近偏僻的閉關處，以及深山中險峻森林的山洞裡，持續地修持愛與慈悲，發願在未來能夠為所有眾生帶來解脫和證悟。頂果欽哲仁波切說明他閉關那麼多年的經驗：

左圖／距離頂果欽哲仁波切出生地薩卡（Sakar）約五小時的白森林地帶。仁波切曾於這裡閉關四年，當時他所住的小木屋小得只容得下一個人。在那裡他接受了103冊《大藏經》的口耳傳承。

『我從黎明之前幾個小時修行到中午，然後再從下午修行到深夜。中午的時候，我會讀書，將經文裡的文字念出聲，好把經文背下來。我在懸崖閉關處（Cliff Hermitage）的一個山洞中一待就是七年，在白森林（White Grove）待了三年，在其他山洞和茅屋中待了幾個月，周圍都是濃密的森林和雪山。

『距離帕當巴山洞（Padampa Cave）不遠的地方有一棟小屋，我哥哥雪竹和兩位隨從會在那裡做飯。我的山洞沒有門，以前會有小熊來到山洞門口，聞聞氣味，卻沒有辦法爬上梯子進到山洞裡。外面的森林中有狐狸和各式各樣的鳥。不太遠處也有豹子，牠們把我帶在身邊的小狗抓走了。附近有一隻布穀鳥，也就是我的鬧鐘。每次聽到牠叫時，大約是清晨三點鐘，我就會起來，開始禪定。五點鐘的時候，我替自己煮了一點茶，如此，在中午之前我都不需要見到任何人。到了晚上，我會讓火慢慢熄滅，這樣第二天早上，灰燼還燙到能夠重新點燃的地步。到了早上，我可以不用離座，只要傾身向前，就可以讓火重新燃起，然後在我的大鍋爐裡煮茶。我帶了很多書。山洞還算寬敞——高度容我站起來而頭不會撞到頂——但是有些潮濕。就像大多數的山洞一樣，這個山洞夏天很涼爽，冬天還能保持一些些溫暖。

『在懸崖閉關處的山洞中，我閉關七年沒有出來。我父母偶爾會來看我。那一次閉關始於我十六歲的時候。我所有的時間都坐在一個四面圍起來的小木箱裡，偶爾才會把腿伸出來。我大哥雪竹就是我的閉關老師，他跟我說，除非我偶爾爬出來，到外面走一走，否則我的雙腿最後會變成畸型，但是我一點也不想離開木箱。雪竹也在附近的茅屋中做半閉關修行。和他在一起有一位隨從，

左圖／以修施身法見長的覺于派父系祖師——帕當巴桑結（Padampa Sangye）曾經在此洞穴閉關，頂果欽哲仁波切亦曾在此處閉關數月。

頂果欽哲仁波切的妻子拉姆佛母攝於1987年（75歲）。

有時候會到我們家去取來食物和用品，那是騎上三小時馬的路程。我在1985年回到康區的時候，再度遇見了那一位隨從，他仍健在。

『許多小鳥會飛到我的山洞中。如果我在指尖上塗一點牛油，牠們就會來啄食。我也和兩隻老鼠一起共享那個山洞。我用燕麥粉餵牠們，牠們會在我的腿上跑來跑去。我在山洞外面放的供品，都由烏鴉帶走了。

『連續五、六年我沒有吃肉。連續三年我沒有說一句話。每天中午，吃完飯後，我會稍微放鬆一下，看看書。我從來不浪費時間，無所事事。我哥哥雪竹經常鼓勵我創作一些祈請文、心靈之歌和詩詞，他認為這能夠讓我在寫作上有

所練習。我覺得寫作很容易，那一段時間，我寫了幾乎一千頁的東西，但是後來我們逃離西藏時，全部都弄丟了。

『那個山洞有一種非常明淨的感覺，完全不受外界干擾。我讓頭髮長到非常長。我修行「拙火」*13的時候，感受到很大的熱度，後來的許多年，不論日夜，即使氣候非常寒冷，我也只披一條白色披肩和一件生絲袍。我坐在一張熊皮上面。外面的一切完全冰凍，但是山洞裡卻是暖和的。

『後來，我搬到白森林，替自己造了一間小小的木屋，開有一扇小窗戶。經常，我會看到狼兒氣喘吁吁地跑過，有時候還會停下來，靠在木屋的角落磨蹭。那裡有很多鹿，還有藍綿羊，偶爾也會看見豹子。我母親每一個月會來看我一次，待上一個小時，和我說說話。』

預言中的婚姻

在這一段期間，頂果欽哲仁波切生了重病。宗薩欽哲卻吉羅卓和許多其他喇嘛一致認為時間到了，頂果欽哲仁波切應該娶一位佛母。對於一位能夠尋獲心意伏藏的伏藏師（tertön）而言，這是必需的。於是頂果欽哲仁波切娶了拉姆（Lhamo），一位單純平凡的農家女子。從那個時候開始，仁波切的健康情形進步了，他得到許多甚深的靈修體驗，尋獲了許多心意寶藏。他的妻子，拉姆佛母，回憶起那一段時間：

『當時我和母親一起住在家裡。有一天，她叫我到田裡工作。在路上，我遇見幾位喇嘛，他們跟我說他們要把我帶往某處。我說我沒有時間，我母親叫我去工作。但是他們解釋說，我要跟他們去頂果欽哲仁波切閉關的地方。現在，

那邊所有的樹都被中國人砍了，但是在那個時候，這意味著要走過濃密的森林，而我卻非常害怕野生動物。

『仁波切的閉關處是一座小小的木屋。他的哥哥雪竹住在附近另外一間小木屋，而我住在另外一間單獨的小屋。廚房要往山下走一點，在一個小小的開放式山洞中。連同我們的兩位隨從，那裡總共有五個人。

『仁波切病得很重，他的臉色發黑。我看到他病得那麼重非常擔心，以為他要死了。但是我到了之後，他的健康情況似乎開始好轉。有一天他起來了，穿著他的白袍走來走去，邀請我和他一起吃飯。

『在我開始和仁波切生活在一起的時候，宗薩欽哲卻吉羅卓和其他喇嘛都已經勸過他要結婚，才能延壽，要不然會死亡。在一些經文之中，有預言說仁波切會娶我，如此可以讓他的弘法事業非常廣大。我聽說其中一個預言大概是這樣的：

有著A字在額頭上的年輕瑜伽士
來自薩卡（Sakar）豪宅有德之家，
為了延壽，應當娶木虎年生的姑娘。

『仁波切本人似乎對娶妻這一件事毫無興趣。他根本不在乎死活，他說，他結婚唯一的理由就是因為老師叫他如此做。後來，我開玩笑地罵了雪竹和其他喇嘛，說他們沒有告訴我將要成為仁波切的佛母。如果我知道的話，至少還可以準備一下，穿上好一點的衣服，而不是那一件破爛的老工作服。他們笑說他們是故意不告訴我的，害怕我會想太多而拒絕他們。

看似荒蕪的大地，其實是心靈的沃土。

佛母眼中的仁波切

　　『仁波切的閉關木屋非常簡陋。牆壁上塗了一層泥巴，他有一個木箱可以坐在裡面。他永遠都需要書，我經常為了幫他拿書來回跑。他的木屋中書太多了，放不下，所以要放在別的地方。當書還是新的時候，包書的布是白色的，但是他使用量太大，讓包書的布變成了咖啡色。小木屋的內部太小，堆滿了

書，已經沒有地方放佛龕，於是佛龕得擺放在外面的小陽台上。在佛龕旁邊，我在許多盆子裡種了很多花，仁波切非常喜歡。

『在閉關處下面的河邊，仁波切在一塊石頭上留下他的腳印。其中一位隨從經常下去那裡向牧羊人取牛奶、乳酪和牛油，他發現了這個腳印。他們確定在仁波切開始閉關之前，那個腳印並不存在。仁波切後來和宗薩欽哲卻吉羅卓一同朝聖的時候也留下另外一個腳印，貝瑪瑟巴（Pema Shepa）有看到。當時的我還不知道怎麼做新靴子，只好補了仁波切破掉的靴子，石頭中的腳印可以清楚地看到我補的補丁。格卡（Goka）也看到了，就對我們說，但是仁波切否認腳印是他的。

『晚上，當我到森林裡方便的時候，在仁波切閉關木屋面前的大樹下看起來好像燒著大火。有一次我向雪竹提起這件事，但是他什麼都沒有說。有時候看起來像是到處都有小火在燒著，有時候又像是仁波切的木屋裡面也燒著火。終於，我問了仁波切關於火的事。他說那是護法惹呼拉（Rahula），叫我不要接近。

『仁波切晚上從不躺下來，他總是直直地坐在他木箱裡睡覺。晚上吃完飯之後，他會開始禪定，一直到第二天中午都不會再說話。到了吃中飯的時候，他哥哥會來叫我，我們會一起吃飯，說一點點話。然後，立刻地，仁波切又會開始禪定，在晚上之前，不會見任何人。

『仁波切在白森林閉了三年關，在那裡，他也得到了「大藏經（Tripitaka）*14」一百零三冊的口耳傳承。那是在我們大女兒琦美（Chimé）出生之後。仁波切的木屋太小，裡面根本沒有空間可以讓主持口耳傳承的喇嘛坐。所以我們在外面陽台上的盆景中安排了一個位子給他，他就透過窗戶念誦。仁波切的母

親、哥哥雪竹和我同時接受了這個傳承，因為仁波切還在閉關之中，所以沒有別人來一起參加。在口耳傳承的過程中，仁波切照樣做他的禪定。

『即使完成了閉關，仁波切也只會在家裡待上一、兩個星期，之後又會回到閉關處。

仁波切的慈悲

『仁波切有一位姪子經常出去打獵，他有一把獵槍很準，所以非常有名。有一天，當仁波切拜訪他們家的時候，姪子的母親，也就是仁波切的妹妹跟他說：「這一把槍殺了這麼多動物，請你為它加持。」仁波切將嘴巴對著槍桿子裡面吹氣。之後，那一把槍再也無法發射。這件事情之後，只要仁波切被邀請去拜訪任何喜愛打獵的有錢牧羊人，他們都會把自己的槍枝藏起來。

『仁波切有一位親戚叫做阿卜蔣澤（Apo Jamtse），他有一隻巨大的獵犬，以前會追逐並獵殺附近窮人的山羊和綿羊。但是他們沒有人敢對付那一隻狗，因為牠是屬於強大的頂果家族。有一天，仁波切到阿卜蔣澤家喝茶。那時是仁波切的姑姑阿禧卡加（Ashi Kaga）在掌管他們家的一切事務。那一天，姑姑和仁波切談起這一隻狗，問他怎麼辦。那一刻，仁波切正好在吃一個烤燕麥球。他就在燕麥球上吹了一口氣，丟給那一隻狗。狗兒把燕麥球吃掉之後，再也沒有攻擊其他動物。附近的窮人都非常高興。

『有一位大師叫做中南嘉楚（Drungnam Gyatrul Rinpoche），他和頂果欽哲仁波切交換了許多教法。中南嘉楚仁波切一生都待在諾馬南生（Ngoma Nangsum），在一個形狀像金剛杵的石頭中的山洞裡，而附近都是草原。他幾乎從來不睡覺。他有五、六百位弟子，都住在附近的山洞中，修行蓮花生大士心

咒。中南嘉楚住的山洞是在石頭的正中央，因為太多人圍繞著這塊石頭，周圍的泥土已經下陷到腰部的高度。我們住在附近一個帳篷裡，整個白天，仁波切會和嘉楚仁波切待在山洞裡，接受他的開示。在那一個月之中，嘉楚仁波切和我是唯一見到仁波切的人。

　　『我們的小女兒是一個非常特殊的小孩。我是在懸崖閉關處上方森林空地上一個帳篷中生下她的。她出生的時候已經天黑了，但是不久之後有一種和白天一樣的亮光出現。我很好奇那是什麼光。雨下得很大，可是光一直持續到清晨兩、三點。當仁波切被告知這個光的時候，他似乎沒有太去注意。小女兒的心非常特別，非常善良，對佛法萬分虔誠，很愛修行，所有的隨從都十分喜歡她。我們逃離西藏後不久，她不幸在印度死亡。』

宗薩欽哲卻吉羅卓的開示

　　二十八歲完成閉關之後，頂果欽哲仁波切接下來許多年都跟隨著宗薩欽哲卻吉羅卓。和他一樣，卻吉羅卓也是第一世頂果欽哲的轉世。頂果欽哲仁波切把卻吉羅卓視為他第二個主要老師，對他有著極大的尊敬。在卻吉羅卓傳給他

左圖／頂果欽哲仁波切二十八歲完成閉關後，有許多年一直都跟著宗薩蔣揚欽哲卻吉羅卓，並開始以佛法
　　　利益眾生。五〇年代，有一次在安多的雷康，仁波切花了四個月的時間，對一千九百位瑜伽士傳
　　　《新伏藏法》的灌頂。仁波切的兩位女兒坐在他的左邊。

上圖／2001年作者到此地，重新為當地的瑜伽士們拍了一張照片，這些瑜伽士們纏結的頭髮，有些長達五
　　　英呎。其中當年曾受教於頂果欽哲仁波切的瑜伽士都還深深的記得仁波切，並一直在為他禱告。

幾位當年曾接受傳法的瑜伽士們五十年後依然健在，不過年紀都在七、八十歲了。

大寶伏藏》（*Collection of Revealed Treasures*）六個月的灌頂後，頂果欽哲仁波切對他說，他希望自己的餘生能夠單獨閉關。

　　但是卻吉羅卓非常堅持。「你的心和我的心無二無別」，他說，「時間到了，你要向他人傳出你所得到的無數珍貴的法。」從那一刻開始，頂果欽哲仁波切就開始用頂果欽哲傳承著名的永無倦怠的能量，不斷地為所有眾生努力。頂果欽哲仁波切回憶他在宗薩的時光：

　　『當我第一次來到宗薩，宗薩欽哲卻吉羅卓仁波切跟我說，他前一天晚上夢到他見到第一位欽哲，也就是蔣揚頂果欽哲旺波。他說：「你今天來是非常吉

祥的徵兆。」

『我第一次到宗薩，只待了兩個月。慢慢地我每一個夏天都到那裡去，冬天的時候再回到丹考克，或者拜訪其他的地方，得到許多不同上師的開示。

『對我而言，每一次到宗薩，總是一件我殷切期待的大事。我每一次都住在宗薩欽哲卻吉羅卓的住處。大部分的時候，我們都一起吃飯，這樣可以說說話。有訪客來拜訪他的時候，我就會到隔壁房間修行，等到他再有空，我們就可以再繼續我們的談話。宗薩寺廟中許多一般的僧侶，看起來對學習和修行不是特別熱中，他們只是把每天的職責當做例行事物。但是，寺廟的學院學生卻非常用功，喜歡可以無礙地見到宗薩欽哲卻吉羅卓，而宗薩欽哲卻吉羅卓也非常喜歡和他們相處。我在的時候，會聽到他們抱怨說，宗薩欽哲卻吉羅卓這一段時間都沒有時間見他們。

『每一次當我離開的時候，他會送我，一直到他住處的門口。我每一次離開，他都會不捨，許多次我看到眼淚在他的眼眶中。

『宗薩欽哲卻吉羅卓也是一位伏藏師，他曾經告訴我：「你必須尋獲許多寶藏，這會對他人非常有利益。昨天晚上我做了一個夢。天空中雲的形狀就像八吉祥一樣，還有其他各種形狀，也還有許多佛和菩薩。從那些雲之中，降下豐盛的甘露雨，利益眾生。你一定要廣傳你所尋獲的伏藏。」他也向我請求，希望我給他一些伏藏的灌頂，這些我都向他供養。』

盜馬賊

宗薩欽哲卻吉羅卓邀請頂果欽哲仁波切到安多（Amdo）去傳《新伏藏法》（*Treasury of Rediscovered Teachings*）。仁波切的佛母如此回憶那一次旅程：

仁波切要旅行到安多的雷康（Rekong）*15，就在青海附近。有一天，天氣非常寒冷，有一些牧羊人邀請仁波切到他們的帳篷裡，向仁波切以及他的隨從供養很多的牛油、肉乾和甜乳酪，作為旅程的準備。極不尋常地，仁波切警告他的隨從之一，叫他仔細看著他們的馬。到了離開的時候，隨從衝進來，大聲喊叫，馬不見了。原來隨從把馬放在那裡一段時間沒看好，一定是被偷走了。幸好牧羊人養了許多犛牛，給了仁波切幾隻。經過一個月的旅程後，仁波切到達了雷康。

在雷康，仁波切花了四個月的時間，對一千九百位瑜伽士傳下《新伏藏法》的灌頂。當邀請仁波切來傳法的主人，從仁波切隨從處聽說他的馬被偷這件事，非常不高興，但是仁波切跟他們說反正他已經安全到達，所以沒有關係了。雖然如此，其中幾位雷康的瑜伽士以他們魔術般的法力而聞名，他們說不能讓這件事情就這樣算了。仁波切開始傳法之後兩個星期，那些小偷便出現在現場，帶來了所有他們偷走的馬匹，乞求仁波切把馬收回去。但是仁波切回答說，他已經不需要那些馬了，他們可以把馬留下，但是小偷們堅持。他們說，自從偷了那些馬後，沒有一樣事情是順利的。他們在自己牛群擠奶的時候，擠不出牛奶，只能擠出血。他們之中的一位小孩還被禿鷹攻擊——這幾乎是沒有聽過的事——而家族中的許多成員也生病了。到最後，他們就把馬匹留在寺廟附近，自己趕緊離開了。

唱出夏嘎的心靈之歌

仁波切在雷康寺住了一年，在一個美麗的山頂上傳法，那也是十九世紀著名的瑜伽士夏嘎措珠讓卓（Shabkar Tsogdruk Rangdrol）曾經住過的地方。

那裡有一塊大石頭，後面有一棵樹，夏嘎曾經坐在那裡唱出他著名的心靈之歌。當地人士請仁波切坐在這個位置，仁波切就在那裡即席唱起歌來。突然之間，彩虹在天空中出現，天上降下雪花，輕柔地像花瓣落下來一樣。當場每一個人都說，仁波切一定是夏嘎的轉世。

仁波切有一位儀式總管的隨從，名叫阿卓格（Achog）。仁波切經常罵他。有一天晚上，阿卓格跑掉了，只留了一塊布料當作供養，以及一張字條說他覺得自己不能稱職地服侍仁波切，於是決定離開。步行一個月之後，他到了果洛（Golok）*17一個遊牧民族的營區。在其中一個黑色犛牛毛所做的帳棚中，有一對母女請他為他們修法，來交換食物和住宿。因為天寒地凍，他也沒有其他地方可去，於是就答應了。那時，他已經病入膏肓。

有一天，那一位母親向阿卓格喊話說，有一位陌生人，一位高大的喇嘛騎著一匹大馬，正在向他們的帳篷驅近。阿卓格從門縫中看出去，看到頂果欽哲仁波切和一位隨從直奔帳篷而來。仁波切下馬走進來，說：「阿卓格，你好嗎？」阿卓格大驚，立刻開始哭泣。仁波切跟他說，沒有必要哭，他最好跟他們一起回去。老母親向仁波切供養茶、牛奶和乳酪。後來阿卓格問仁波切的隨從是怎麼一回事，隨從說沒有人告訴他們要到哪裡去找阿卓格，他們在一眼望去都是雪的景觀中，並沒有遇到任何人可以指示他們這個營區的方向。仁波切說時間到了，要走了，他們三個就一起回家了。在那個時候，人們都說仁波切有不可思議的直覺。

第三章

流亡他鄉

美麗之土，如夢幻般，

執著於彼，毫無意義。

倘無法降己內在負面情緒之力，

和外敵之爭，永不止息。

——頂果欽哲仁波切

大時代的動亂

中共花了十年的時間慢慢滲透西藏，到了五○年代末期，滲透的策略轉成軍事行動，尤其是在西藏東邊的康區。當中共官員來到丹考克，問起頂果欽哲仁波切行蹤的時候，他的佛母傳了一封祕密信函勸他不要回家。她勸仁波切從他正在訪問的康巴加寺（Khampagar），直接前往拉薩。佛母自己很不容易才避開中共軍隊，在半路上和仁波切會合，然後趕向拉薩，把一切都留在康區，包括仁波切珍貴的書籍，以及他大部分的著作。其他家人不久之後也來到拉薩，他們就從拉薩一起出發，到中藏去朝聖。之後，頂果欽哲仁波切用了六個月的時間，坐在拉薩著名的釋迦牟尼等身像(Crowned Buddha)*¹面前，念誦十萬遍曼達拉（Mandala）的供養。當時拉薩正逢傳染病蔓延，於是他同時為病患和瀕臨死亡的人士祈禱、修法，完全不理會家人擔心他自己會染上疾病。傳染病蔓延的期間，仁波切的母親和大哥雪竹先後過世。

在這個時候，消息傳來了，中共已經沒收了康區頂果家族的家園，取走了他們所有的財產。仁波切的妻子拉姆佛母，回憶當時的情形：

『有一天，幾位中共官員前來看我，說：「尊貴的佛母，妳在做什麼？」我回答說我只是在那裡閑坐著，然後拿了一些水果給他們吃。他們問我女兒們在做什麼？我說她們在拉薩主要的寺廟作大禮拜。他們問我想不想家？仁波切和我有沒有計畫回去？我說我確實想家，很想儘快回去。他們接著問我們為什麼

前頁圖／在不丹首都辛布的塔虛丘縣(Tashicho Dzong)僧院群堡。這裡一半的地方住著大約一千名僧侶，另
　　　外一半則是國家政府機構與國王的辦公室。此地標高大約為六千英呎。
左圖／頂果欽哲仁波切1957年攝於拉薩。

來到中藏，以及當我們離開康區的時候，共產主義是不是已經在那裡建立起來了？我回答說，我們是來朝聖的。至於共產主義，我從來沒有聽過這個名詞。中共看到桌上擺了一些紅色和白色的糖果，他們問說，吃紅色和白色糖果是不是我們的習俗？當我回答「是」的時候，他們說共產主義就像紅色和白色的糖果。我問他們共產主義的目的是什麼？他們說那是非常好的東西，就像糖果一樣。我跟他們說，如果有任何一點像這些糖果，我應該會喜歡。

『這個時候，我已經知道中共沒收了我們在東藏的財產和馬匹，但是我裝不知道，因為擔心他們會逮捕我們。他們叫我準備回康區，回去之後，我們會得到中共的官銜，仁波切會得到一千元，我會得到五百元。我一直謝謝他們，說我們會準備好回去。

決定出走

『在那個時候，每一位從康區來到拉薩的人都會被逮捕押回。有些人被迫把小孩留在後面，情況很悲慘。有些人跳水，試圖逃亡或者自我了斷，但是大部分都被綁起來押上卡車。於是我立刻前往拉薩西北的楚布寺（Tsurphu）[*3]，就是大寶法王所駐錫的寺廟，去找仁波切。我們那個時候已經別無選擇，只好流亡。當時我們把馬放在楚布寺附近吃草，但是牠們全部被漢人偷走了。所以我借了一匹馬，騎到拉薩，買了十二匹新馬。那一天晚上我返回楚布寺，黎明的時候到達。巴沃仁波切（Pawo Rinpoche）也給了我們一匹強壯的馬。我們的行李由犛牛載運著。仁波切一直走路。很難把仁波切和其他喇嘛相比，他非常謙遜，一直照顧著所有的人。我們總共有十三個人一起逃亡，大約走了一個半月的路，每天晚上都搭帳篷住。

『當我們距離不丹的邊境只剩幾天的路程，又傳來消息，中共部隊已經從我們後方接近。我們沒有其他選擇，為了不引人注意、加快速度，我們只好拋棄所有的行李，大都是書籍和珍貴的佛像。我們白天躲起來，晚上才趕路。許多藏人都在逃亡，中共一見到就開槍。我們爬過一個隘口後，實在太疲倦了，只好在那裡過夜。氣候極為寒冷。仁波切坐在一個大石頭上，桑傑年巴仁波切坐在另外一邊，我坐在附近。所有的犛牛都未能解下鞍座，我們已經沒有食物可以餵牠們了。下了三天三夜的雪，我們無法生火煮茶，因為中共會看到煙。我們已經走投無路了，放眼望去都是永無止境的石頭山。

流亡不丹

『等我們到達不丹邊境，幾乎已經沒有東西吃了——只剩一點點燕麥粉、牛油，和肉乾。我們在邊境的高山上停留了十二天，等待不丹軍隊的指示。最後，不丹政府讓我們入境。他們對我們非常好，給大家燕麥和米飯。一位老太太給我們每一個人一碗湯。我們穿過不丹的森林，雨一直下不停，水蛭之多，所有的人和馬到處都在流血。

『我們走到一個叫做王第（Wangdi）的地方。有人在一台小收音機上聽到消息，宗薩欽哲卻吉羅卓已經在錫金（Sikkim）圓寂了。

『當我們到達印度的時候，看到到處是汽車和火車，感到很驚訝。當年頂果欽哲仁波切四十九歲。他立刻前往錫金去主持蔣揚欽哲卻吉羅卓的火化典禮。在卡林邦（Kalimpong）*4和大吉嶺，他也遇見了其他偉大的喇嘛，像是敦珠法王(Dudjom Rinpoche)*5和康珠爾仁波切（Kangyur Rinpoche），他在那裡和他們交換佛法的開示。』

1959年，頂果欽哲仁波切剛逃抵錫金，恰逢上師宗薩蔣揚欽哲卻吉羅卓圓寂，於是為其舉行法會。

仁波切的守護

在不丹王室的邀請下，頂果欽哲仁波切住到不丹，在首都辛布（Thimphu）附近當學校老師。不久，他內在的特質開始吸引許多弟子。時間久了，他成為不丹最主要的佛法老師，從國王到最卑微的農夫都很尊敬他。

有一天晚上，在巴羅（Paro），仁波切突然叫他的一位僧侶坐兩個小時車程

到首都天普，帶一尊一髮母護法（Ekajati）*6的小佛像給年輕的國王，並傳話請國王第二天把這一尊佛像帶在身上。第二天早上，國王駕車前往印度邊境，他的吉普車在山路上失控，從懸崖邊上摔下去，彈了好幾次之後，在遠處山谷中撞擊落地。除了國王，車上所有其他人都喪生。國王是在車子往下掉落的時候被彈了出來，沒有受傷。還有其他類似的事件，強烈地印證了不丹人民對頂果欽哲仁波切的信仰和信心。

不丹是一個山中王國。金剛乘佛法先後由西元第八世紀的蓮花生大士、十五世紀不丹的伏藏師貝瑪林巴（Pema Lingpa）*7，以及十七世紀具影響力的西藏上師夏布中那旺南嘉（Shabdrung Ngawang Namgyal）介紹進來。自從金剛乘佛法被引進後，不丹就一直保持獨立，不曾被征服過。佛教文化在不丹一直得以無障礙地盛行，而佛教價值觀早已深入不丹人民的心中。在不丹，每一個小山上都有一座小寺廟，周圍環繞著經旗，隨風飄揚。急湍和溪流中，水中的法輪日夜運轉著，山上和森林中隨處可見閉關處，閉關者在裡面全心禪修。他們在收割的時候一年一度下到山谷中，請求布施捐獻，在每一個農莊，他們都會得到一些米和蔬菜乾。他們在一個月之內所化緣到的食物，足夠他們接下來一年獨自閉關用。

仁波切的加持

頂果欽哲仁波切不管到不丹哪裡，每天早上，遠在黎明之前，信徒就會開始在他門口排隊。等他完成早上的祈禱之後，他們終於有機會進去向他供養米渣、烤燕麥粉、乳酪和新鮮牛油，這些全都用精緻的彩色稻草編製成的圓籃子裝著。他們請求仁波切為他們的健康禱告，仁波切總是把他的手放在他們的頭

頂果欽哲仁波切與不丹國王在法會儀式上。金剛乘佛法在八世紀由蓮花生大士傳入不丹後，在不丹早已深入民心，國內處處可見廟宇、經旗和閉關處。

上，加持他們。

頂果欽哲仁波切只要在不丹旅行，似乎全國都會得到消息。每進行十里左右，接近一個農莊或村莊，路邊就會有一群人等著，有時候再加上幾位僧侶。他們會用潮濕的杜松枝葉升起大火，向天空吐出一波波芳香的煙，作為迎接的供養。他們會在一個刻滿美麗的龍、鳥和蓮花的木頭桌上鋪上手工羊毛毯，獻上一壺又一壺的熱茶和點心。旅行隊伍總會停下來，接受這些餐點的供養。有時候頂果欽哲仁波切會從車上給與加持，有時候他會下車，坐一會兒，給與聚集的群眾長壽加持。

當仁波切來到更大的寺廟或村莊，一長列僧侶和本地政要更會列隊歡迎，然後奏著樂器，高舉織錦旗幟，跳著舞的僧侶隊形緩慢地將仁波切帶到他的住處。在那裡，市長、警長和其他政要穿著慶典的衣裳，腰上掛著銀劍鞘，向仁波切頂禮，然後請他用茶和餐點。第二天，鄰近數千人會聚集在寺廟的庭院裡，用幾個小時的時間，慢慢列隊經過頂果欽哲仁波切面前，接受仁波切的加持。當群眾人數太多，會另外安排一大塊空地，信徒一排一排坐著，仁波切則坐在轎子上穿過人群，在他們身上灑上加持過的米。

仁波切的傳法生涯

到達目的地之後，仁波切通常會待一個月以上，傳法以及主持重大儀式。等這些完成了，他會繼續往下走。他終年都在旅行，隨身帶著十幾大捆經書和法器。有五、六位僧侶隨從會陪伴他，也有一群轉世喇嘛和修行人隨行，仁波切每天不管在哪裡，都會向他們傳上一、兩小時的開示。

頂果欽哲仁波切每一年會主持三、四次「大法」（drupchen）——也就是

「偉大成就」——的儀式，每一次為期八到十四天，不分晝夜連續地進行。所有參加的人士，從早上七點到晚上七點都聚集在一起。到了晚上，則分成三組，輪流維持儀式的流程和不間斷地念誦咒語。這些儀式都在美麗的寺廟中舉行，周圍都是田地和森林，儀式中間有神聖的音樂、舞蹈，以及充滿象徵的供養手勢和儀式。

伏藏師的天命

有一次頂果欽哲仁波切在巴羅大藏虎穴山洞（Paro Taktsang Tiger's Nest Cave）*8待了兩星期。他在那裡供養了十萬盞油燈，給了許多開示和灌頂。在一次禪觀中見到十八世紀偉大的喇嘛吉美林巴（Jigme Lingpa）*9，頭髮上綁著一本書，身穿一件白袍和一條紅白條紋的披肩。吉美林巴把手放在頂果欽哲仁波切的頭上說：「你是我的法——「廣大空界的心要」《龍欽心髓》（Longchen Nyingthig）*10的傳人，你可以隨喜運用。」吉美林巴同時告訴仁波切，為了要維持不丹的和平，以保證佛法的續存，應該蓋四個大舍利塔，每一個舍利塔必須內含十萬個袖珍型的土製舍利塔。仁波切一切照辦。

頂果欽哲仁波切是一位珍貴的老師，有著特殊的能力，在寧瑪巴傳統裡稱之為伏藏師，也就是發現心意伏藏的人。這種人是有能力發現當年蓮花生大士為了未來世而封藏起來的法。當年蓮花生大士把令成熟的灌頂和令解脫的指示傳給赤松德贊、空行母（dakini）*11耶喜措嘉（Yeshe Tsogyal）*12、以及另外二十五位主要弟子。他把特別的法交付給他們每一個人，把這些「伏藏」不可思議地藏在各處——寺廟建築裡、神聖佛像之中、石頭和湖泊，甚至於天空之中。他說這些特定的弟子在未來會轉世，從這些法的隱藏之處把它們取出來，

在一次為期八天日以繼夜的「大法」法會快結束時，仁波切將儀式中所繪成的沙壇城毀去後的沙粒灑入河中，圖中的地點為不丹的本堂(Bumthang)。

頂果欽哲仁波切在不丹辛布大樂法林宮中，進行一個火供法會。

頂果欽哲仁波切在不丹巴羅進行火供法會，這樣的法會有「息、增、懷、誅」四種不同的形式，主壇者依順序穿著白色、黃色、紅色與藍色服飾。

然後傳給當時的眾生，利益他們。當適當的時候到了，一位伏藏師就會得到一些淨觀或徵兆，指示何時何地能夠發現他或者她指定的伏藏。以「心意伏藏」而言，法並不是以形體出土，而是在伏藏師的心中現起，這也是頂果欽哲仁波切選擇發現大部分伏藏的方法。數世紀以來，已經有幾百位大伏藏師出現。這種傳承模式，有時候被稱為「近傳承」，能和經教中的「遠傳承」──從蓮花生大士一代一代由老師傳給弟子──相輔相成。

在一次伏藏現起的淨觀中，頂果欽哲仁波切在東藏一個湖上看到長壽佛的

完整曼達拉現起。之後，他立刻寫下一整冊的教法和心靈修持。算起來，頂果欽哲仁波切的「心意伏藏」總共寫滿五冊。

遇見達賴喇嘛

逃離西藏到達印度後，頂果欽哲仁波切便成為達賴喇嘛主要的老師之一。在他的自傳中，頂果欽哲仁波切回憶當年第一次在拉薩遇見達賴喇嘛：

『有一次我在拉薩的大昭寺（Jokhang Temple），靠近蓮花生大士的新佛像附近祈禱。突然間香氣襲人，許多穿著絲綢的官員走進來，跟著是一位面容蒼白，戴著眼鏡的僧侶。他看起來很像照片上我所看過的尊貴的達賴喇嘛。他正端詳著蓮花生大士的新佛像，我在佛像面前獻哈達。當他經過我附近，他問我是哪裡來的？我的名字是什麼？我正在修什麼法？他叫我好好祈禱，然後進到釋尊殿，在裡面待了大約一小時。這就是我第一次見到達賴喇嘛。

『後來，和我哥哥桑傑年巴仁波切一起，又有兩次機會在達賴喇嘛拉薩的夏天寓所見到他。

『後來，終於到達印度後，桑傑年巴仁波切到瓦拉納西（Varanasi）*13朝聖，又見到達賴喇嘛。尊貴的達賴喇嘛說：「你那高高長髮的弟弟在哪裡？有沒有遭受迫害？」他聽說我們安全逃出來，非常高興，說我們後會有期。』

左圖／頂果欽哲仁波切曾於1980年在不丹的巴羅大藏虎穴停留幾個星期。相傳蓮花生大士曾在此地騎虎臨空飛過，因此是蓮花生大士的幾個重要聖地之一。頂果欽哲仁波切在那裡供養了十萬盞燈，給了許多開示與灌頂。圖中他站在一個垂直峭壁上突出的樓台，為此聖地進行一個加持法會。

一鳴驚人

不久之後，藏傳佛法四大門派所有主要的喇嘛聚集在達賴喇嘛印度駐錫之處達蘭莎拉（Dharamsala），為了他的長壽而祈禱，並討論流亡中如何保存藏傳佛法。寧瑪、薩迦和噶舉派（Gargu）*14都被邀請推舉一位代表向達賴喇嘛獻出象徵全宇宙的曼達拉。在這種場合，獻供者傳統上在開場白時，要道出一個長而有學問的演說，內容須根據佛法的宇宙觀來描繪宇宙，同時點出佛教歷史和教義的基本原則。通常都是邀請偉大的學者來做這個開場演說，被邀請的人總會花上幾星期寫下講稿，然後當天再現場念出來。但是頂果欽哲仁波切在前一天才受邀做演說。即使如此，他也不拘泥形式，就接受了邀請。

有一位學者聽到這件事，為頂果欽哲仁波切要在沒有準備的情況下做出這麼重要的演說，感到過意不去。因此，就帶了一本書，裡面有類似的演說文

左圖／長壽佛的曼達拉。關於這個曼達拉的來由，頂果欽哲仁波切是這樣說的：「有一次，我住在里岡卡（Ri Gangkar）雪山山腳下一個神聖的湖邊，虔誠地為我的老師蔣揚欽哲卻吉羅卓的長壽而祈禱。當我正在修一個有關長壽佛的薈供時，曼達拉的輪廓清楚地出現在湖面上。《蓮花生命精要》的文字同時在我心中現起，我就把它寫了下來。」

曼達拉（或稱壇城）是禪定用的聖物，其目的在於轉化和淨化我們對世界一般的辨識。這種轉化能夠帶領我們走向一種認識，認識到佛性存在於所有眾生之中，就如同每一粒芝麻之中都遍滿著油。同時，我們也能夠被引導去看到一切現象中的原始純淨和完美。

曼達拉之中，我們將自己觀想為中央主尊。這不是一個「神」，而是我們自己純淨自性的化身。主尊所居住的宮殿由許多不同珠寶所組成，象徵著佛的智慧、慈悲和事業，以形式和色彩的方式顯現，來滿足眾生的願望。

曼達拉方形象徵著究竟本性是沒有任何扭曲的。它的四個門象徵著四無量心的特質：慈、悲、喜、捨。牆壁上五種層次的顏色象徵五種智慧，也就是被淨化過的五毒（貪、嗔、癡、慢、疑）。宮殿是由光組成的，沒有裡面，也沒有外面，象徵著現象是原始智慧的顯現。環繞整個曼達拉的智慧之火代表著無知以及所有心中的其他障礙都已經永遠被燒毀。

達賴喇嘛曾多次請頂果欽哲仁波切到達蘭莎拉，為他開示寧瑪巴傳統大部分重要的法教。

稿，建議仁波切研究一下，或者第二天直接念這份稿子。仁波切禮貌地感謝這一位學者，就把書放在他桌上，繼續和訪客談話，之後他就去睡覺了。

　　第二天，要在達賴喇嘛和學者眾多的法會面前演說的時間到了。頂果欽哲仁波切站出來，第一次打開那一本書，拿在手上──沒有翻書頁──道出兩個小時極有學問的演說。最後，是向達賴喇嘛獻八供[*15]，正當頂果欽哲仁波切把大貝殼拿在手上的時候，全體都聽到一聲雷鳴。

　　所有的人都對頂果欽哲仁波切的學問印象深刻，之後，他的學問聞名全印度的西藏社區。第二天，當頂果欽哲仁波切向達賴喇嘛告別的時候，達賴喇嘛

頂果欽哲仁波切與敦珠法王（1904～1987）於1984在法國多荷冬（Dordogne）見面。敦珠法王當時為寧瑪派的領袖，圓寂之後即由頂果欽哲仁波切繼任為法王。敦珠法王亦為宗薩蔣揚欽哲卻吉嘉措仁波切（1961～）之祖父。

說：「昨天的雷聲真是吉祥的徵兆，不是嗎？」

之後，達賴喇嘛多次把頂果欽哲仁波切請到他達蘭沙拉的寓所。有好幾年的時間，頂果欽哲仁波切都在向他開示寧瑪巴傳統大部分的主要教法。

【第四章】

佛行事業

菩薩如果認為投身地獄的火海可以幫助眾生，
他就會毫無猶豫這麼去做，
就像是天鵝飛入涼爽的湖泊一樣。

——頂果欽哲仁波切

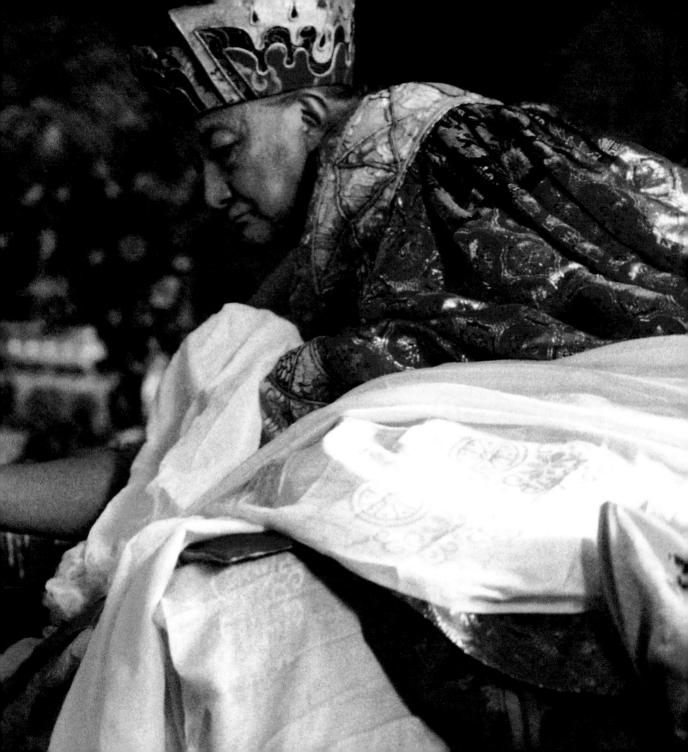

保存瀕臨失傳的教法

頂果欽哲仁波切一生中有多方面不同領域的成就：閉關修行二十年；每天至少傳法好幾個小時達半世紀，而傳法的深度和廣度更是不可思議；有二十五大冊著作；監督許多兼具保存和傳播佛教思想、傳統和文化的龐大計畫等。在這所有的佛行事業中，頂果欽哲仁波切用其一生，永無倦怠地體現他對佛法的奉獻。

仁波切對藏傳佛法經典浩瀚的知識應當是無人能比。他承繼了蔣揚欽哲旺波的決心，希望保存所有傳統的經文供人取用，尤其是瀕臨消失的傳統。在蔣揚欽哲旺波的時代，佛法主要的危機是來自內部的疏忽和派別之間的爭鬥，而在頂果欽哲仁波切的一生，則眼看西藏獨特的傳承被外在力量所威脅。歷經文化大革命的巨大動盪，無數寺廟圖書館中無盡的書籍被有系統地摧毀。只有少數的喇嘛和學者，在倉皇逃離、充滿危機的旅程中，仍設法隨身攜帶他們珍貴的法本，而大多數流亡的藏人出來之後，只剩下自己身上所穿的衣服。雖然如此，大部分的經文還是保存下來了，即使是僅存一份，或者極少份數。一直到今天，失傳的經文還不斷被尋獲。到了六〇年代末期，二十年來的努力逐漸累積成效，更多的人力和經費注入，重新印刷全部藏傳佛法典籍的龐大工作啟航了。頂果欽哲仁波切本人多年來即不斷地編輯和出版重要的法本，已為後人保存了將近三百冊。

頂果欽哲仁波切自己的著作，經常可以補充或說明過去時代大師的著作，他的著作相加起來，就像是一套百科全書，包含了法本、經論、祈禱文、詩詞和箴言。不論他到哪裡，手邊永遠帶著他正在撰寫、編整或修改的稿子。甚至

前頁圖／楚西仁波切向頂果欽哲仁波切供養長壽法會。

頂果欽哲仁波切繼承蔣揚欽哲旺波的決心，希望保存所有傳統的經文供人取用，尤其是瀕臨消失的傳統。多年來不斷地編輯整理，已為後人保留了近三百冊法本；而他自己的著作就像一套百科全書，不論他到哪裡，手邊永遠帶著他正在撰寫、編整或修改的稿子。

在接見訪客或者指導其他事物時，都在寫作。而這當中的每一件事情，都似乎能得到他全部的專注力。

建造新的雪謙寺

　　頂果欽哲仁波切不僅是一位偉大的學者。無疑地，他自己認為最重要也最感欣慰的，就是他所保存和出版的法教，不僅他個人能修持、體現和傳承，他人也可以修持。理所當然，他也費了相當的功夫建立和維持寺廟及學院，讓佛

雪謙寺前。在一次為期九天日以繼夜的「大法」法會結束時，僧侶們將用彩色沙粒仔細繪好的壇城整個毀掉，以象徵一切的無常，然後這些沙被裝入甕中由僧侶們列隊帶往附近的河中拋灑。當隊伍回到寺前廣場，僧侶們走的隊形叫做「喜旋」（gakhyil），頗為類似中國道家陰陽兩儀圖。

在尼泊爾伯那斯的如意圓滿大佛塔附近建造一座新的雪謙寺，是頂果欽哲仁波切一生最後且最重要的佛行事業。也圓滿了預言：在此地蓋寧瑪巴寺廟將會為整個區域帶來和平及繁榮。

教傳統的學習和修行可以持續進行。他最後所做的偉大事業之一，就是在尼泊爾建立新的雪謙寺。仁波切並沒有興趣替自己建立一個華麗的寶座，對他而言，住在狹小的茅屋或寬敞的宮殿根本毫無差別──事實上，他的一生中對這兩者都非常熟悉。進行這個大計畫，主要是放眼未來。

1980年，頂果欽哲仁波切的佛母和他最重要的弟子楚西仁波切（Trulshik Rinpoche）向他建議，應該在尼泊爾建一座小寺廟，做為他孫子暨心靈傳承雪謙冉江仁波切未來駐錫之處。沈思良久後，頂果欽哲仁波切用一個大大的微笑回答說，他不要蓋一座小寺廟，而要盡力去蓋一座大的。他選擇在伯那斯（Boudhnath）的如意圓滿大佛塔（The Great Stupa of Jarung Kashor）附近興建第二座雪謙寺。這也圓滿了一個預言，說在這一塊土地上蓋的寧瑪巴寺將

　　會大大利益佛法，尤其會為整個區域帶來和平及繁榮。

　　不久之後，土地順利取得，建築工程開始。在那十二年當中，整個營造工程豐富地融合藝術創作、傳統應用知識和喜悅的努力。主體建築物開始成形的時候，從不丹、西藏，和印度各地來的雕塑家、畫家、金匠、銀匠、裁縫師、面具師，和營造工人——全都是頂果欽哲仁波切的弟子——都聚集到工地，多達五十人。

　　頂果欽哲仁波切堅持這份工程的所有面向都必須特別小心且注意細節。有一百五十尊佛像是在寺廟現場做的，高度從兩英尺到二十英尺不等。雪謙寺三個主殿的牆壁充滿美麗的壁畫，述說著藏傳佛法的歷史和藏傳佛法四大教派所

頂果欽哲仁波切每天總是在日出之前醒來，花好幾小時修持各種禪定、觀想、祈禱或念誦咒語。九點後開始接見訪客，進行一天的行程直到深夜。他一生最主要的活動就是傳法。他對所有向他請求開示或給予心靈指導的人永不倦怠。

有重要的老師。這些壁畫都是在頂果欽哲仁波切不斷的指導下，由兩位大師級畫家和十二位助理所完成。為了這些佛像和壁畫，頂果欽哲仁波切總共主持了一百次的開光儀式。這些儀式可以喚起佛本身的智慧、慈悲和力量，融入佛像中，且和佛像無二無別，就像心可以給與沒有生命跡象的身體生命一樣。

仁波切的日常生活

頂果欽哲仁波切不論在哪裡，每天總是早在日出之前醒來，花好幾個小時禪定和祈禱。之後，一連串活動就開始一直到深夜。仁波切每天都得完成極繁重的工作量，但無須費力，他的心情還是完全平靜。

頂果欽哲仁波切修大圓滿
法中自觀蓮師。右手執金
剛杵結期剋印指向虛空，
左手捧長壽寶瓶。

　　頂果欽哲仁波切的一天，從早上四點半就開始。他一起床，睡在他房間墊子上的隨從會幫他收拾床鋪，然後奉上一杯熱水以及幾顆加持過的甘露丸。然後，頂果欽哲仁波切就會翻開他的祈請文。這一本冊子總共有五百多張活頁，穿插著過去時代偉大上師手寫的字條、袖珍型畫像、其他偉大老師的照片，以及朝拜聖地取來的乾燥花。一直到早上九點，頂果欽哲仁波切會修持各種禪定、觀想和祈禱。他會長時間持誦各種咒語，依特定念誦的性質和目的，用不同質地的念珠如菩提子、水晶、珊瑚等計次。這些祈禱和咒語，他都是在心中默念。大約七點半，仁波切的隨從會帶一碗烤麥麩和鹹酥油茶給他。

　　到了九點，仁波切會打破他早晨的沈默，移到較大的房間去接見客人，許多人老早就在外面聚集等候了。根據他們不同的需求，仁波切會給他們心靈指導、實修建言、開示或加持；也會為私家佛堂所委託製造的佛像和畫像開光。接見遠來客人的時候，仁波切則會和他們互通消息，這些人有遠自西藏及不丹的朝聖者，也有其他喇嘛派來的使者。

　　寺廟裡在修大法的時候，仁波切會一大早到主殿去，加入聚集在那裡的兩百位僧侶。接下來一整天，他會留在自己的寶座上盤腿而坐。別人休息的時候，他不離座，反而會在原地繼續完成他早上的祈禱，接見訪客，並且繼續他的寫作。

永不倦怠地傳法

　　頂果欽哲仁波切最主要的活動是傳法。一有任何空閒，他就傳法，對所有的人要求他開示和給與心靈指導永不倦怠。他經常連續幾個月每天開示，開示的對象少則幾十位，多至幾千位。就算是傳完一整天的教法，他還是願意在他

的房間完成某些個別的請求，直到深夜都在給與個人或者小團體教導。在進行全天修法儀式的時候，當所有的人在中午用餐和休息時，他會快速把飯吃完，在儀式繼續之前，利用每一分鐘替人講解幾頁的禪定法本或佛學評論。對這一類的請求，他從不拒絕。如果這些請求無法安排到行程裡，他會在下一個行程的空檔，傳喚那個人，或者跟他約好第二天的時間。這一類的請求非常多，仁波切又願意全部接受，所以經常在第二天同一個時間會出現五、六個人！

　　任何聽過頂果欽哲仁波切傳法的人，都會因他不可思議的風範而印象深刻。他幾乎不用看經文，毫不費力地以穩定的節奏，甚至也不特別加強語氣，就像一條永無止境的溪流一樣，沒有間斷或遲疑，好像在讀一本記憶的隱形書籍一般。開示的主題總會在預定時間之內，從頭到尾被涵蓋到，開示的方式一定完全符合聽眾理解的程度。他說的話，即使是簡單幾個字，也可以打開人們心靈生活的一扇門，迎向一整套新見地。他淵博的學問、溫暖的加持，以及內在體現的深度，使得他的開示和任何其他老師的開示，在感覺上相當不同。

高山仰止

　　頂果欽哲仁波切散發出深層的溫柔和耐心，他寬廣的心胸，加上魁梧的體格，令所有見到他的人心生景仰。但是對於親近的弟子和隨從，他卻非常嚴格，因為他知道一位好弟子，「要在嚴格紀律之下才能夠成長得好。」對於訪客，或者是對他沒有承諾的人，他從來不會大聲說話。但是對於自己的弟子，只要有任何不謹慎的行為、語言和意念，他都不會放過。很明顯地，對於那些

右圖／頂果欽哲仁波切說的話，即使是簡單的幾個字，也可以打開人們心靈，迎向新的天地。他深沉的溫柔與耐心，寬廣的心胸，加上魁梧的體格，使每一個見到他的人心生景仰。

1977年由各地來到尼泊爾的轉世喇嘛與頂果欽哲仁波切一起坐在尼泊爾伯那斯的如意圓滿大佛塔階梯上。他們來此接受仁波切的灌頂與開示。他們所戴的不同帽子正代表的他們所屬的不同教派傳承。頂果欽哲仁波切所戴的則是象徵蓮花生大士所戴的蓮冠。圖中，佛塔尖頂上在陽光下閃耀的貼金則是由西藏有名的雲遊瑜伽士夏嘎在1821年所供奉的。

與他親近相處的人，他可以清楚地看穿任何虛假和偽善。雖然佛法指出，沒有比自己的心更好的見證，但是頂果欽哲仁波切散發出一種既慈悲又強大的力量，強烈地影響他的弟子，也確保了他們的心不會渙散。

世界上有許多偉大的男男女女，但是他們除了在科學或藝術方面具有獨特的天份，未必能稱得上是良善的人。頂果欽哲仁波切的偉大，完全與他自己所傳的法相符合。不論他的心在深度和廣度上，感覺是多麼高不可測，就算從一般觀點來看，他都是一位極良善的人。所有和他生活在一起的人，即使是相處十年或十五年以上，都說他們從來沒有看過仁波切說出一句話，或者做出一件事是傷害他人的。他唯一關心的，就是其他人現在和究竟的利益。一個活生生的例子就在那心靈道路的終點，這對任何願意走向證悟之旅的人來說，真是最大的鼓舞！

【第五章】

重返西藏

如果患上疾病、被人毀謗、權益被剝奪，
或者遭受其他身體上或心理上的折磨，不要灰心，
反而要重新燃起慈悲心，發願因著自己的痛苦，
願所有眾生的痛苦能夠燒盡。

重返雪謙寺

　　1985年，頂果欽哲仁波切終於回到西藏的雪謙寺。在距離目的地幾小時、海拔一萬兩千英呎的東藏，頂著燦爛的陽光底下，有三百位曬得黝黑的騎士，頭戴著白色帽子，手裡拿著在隨風飛揚的彩色旗子正等著他。他們不是戰士，是僧侶，前來迎接流亡三十年之後終於回來的仁波切。當仁波切的車子到達，

前頁圖／康巴僧侶們騎在馬上，手執彩色歡迎旗幟，等著護送頂果欽哲仁波切前往雪謙寺的最後十里路。

左圖／這些僧侶所戴的白色帽子是在竹編框架上覆以棉布，白色在傳統上象徵歡迎。

中圖／僧侶們手持準備獻給頂果欽哲仁波切的哈達。

右圖／來迎接頂果欽哲仁波切的不只是寺廟裡的僧侶，附近的遊牧人家也紛紛聚在路邊殷切地等待著仁波切的出現。對他們來說仁波切的返鄉，就像漫漫長夜後升起的燦爛陽光。

騎士們騎著馬繞著車子，圍成一個龐大的圓圈，每一位僧侶在經過仁波切面前時就取下帽子。之後，他們迅速離去，奔向寺廟，準備在那裡再次迎接他。

不只是僧侶前來迎接；所有附近地區的遊牧民族，都走出黑色犛牛毛皮製成的帳篷，趕下山坡站在路邊。他們點上杜松和檜樹枝，燒出芳香的白色煙，每一組人都希望頂果欽哲仁波切的車子會停下來，當場得到他的加持。這個地方，溫度經常低到零下四十度，遊牧民族都穿著厚厚的羊皮禦寒。女人頭上戴著珊瑚、藍寶石和琥珀的裝飾，小孩裹在大衣裡，臉頰被冬天的寒風吹得紅紅的，掛在他們腰帶上的是打火石，以及用山上草原的小花瓣做成的火絨。

雪謙寺被毀了，只剩下廢墟。廢墟中唯一還屹立著的建築物是寺廟學院。

十年的分離，三十年的艱辛，在歡迎的群眾臉上，映滿著虔誠與思念。

當仁波切接近時，從學院屋頂突然傳出號、鑼，以及十五尺長號的音樂，雄壯的回聲在山谷中繚繞。由僧侶和樂師組成的長隊伍把仁波切迎往寺廟。等到他坐上位，一群僧侶和在家眾慢慢地從他面前走過，望著他，眼中流露出從骨子裡湧現的虔誠。當他們往上望著他，接受他的加持，沒有幾個人能夠忍住自己的眼淚，老人就更不用說了。有人小聲說了幾句話，或告訴仁波切他們的名字，仁波切則向每一位微笑，偶爾還會認出來過去見過的面孔。過了好幾個小時，似乎永無止盡的人潮終於緩和下來，仁波切和寺廟的長者圍著一鍋滾燙的酥油茶相談。長者們有太多話要告訴他，太多之前無法道出的苦難，哪些人死了，哪些人還活著——但是那一天第一要事還是享受重逢的喜悅。仁波切的到來，對他們而言，就像是燦爛的太陽突然升起。

在1988年那次的返藏之旅中，頂果欽哲仁波切以八十高齡，仍然不辭辛勞的坐了三天的轎子由德格到宗薩寺，轎子由沿路的村民抬著，每十五分鐘換手一次，途中經過有名的白頭隘口（Gose-La or "white hair" Pass），標高17,000英呎。

恢復傳統

第二天開始，舉行了兩天的金剛舞，慶祝頂果欽哲仁波切的歸來，有超過一百位舞者和樂師參與，他們都是寺廟的僧侶。這個舞蹈祭曾經是傳統的寺廟年度大事，但是多年來是不准舉行的。只有在前一年，年長的僧侶第一次敢恢復傳統，重新製作已經毀壞的所有舞蹈用具，重製了所有閃亮絲綢織錦服裝和美麗的面具。

舞蹈結束之後，頂果欽哲仁波切為來自全東藏各地來見他的僧侶和在家眾加持和開示。在這專注的群眾中，有許多面孔像石頭一般堅毅，散發出驚人的個性與美，眼神則像天空一樣澄澈，極為突出。老僧侶毫無倦怠地一直轉著巨大的法輪。山谷各處都漫布著遠方來訪者的馬和犛牛，讓整片山坡點綴上咖啡色、黑色和白色。

頂果欽哲仁波切堅持在寺廟上面的高處過一夜，那是他主要的老師雪謙賈查的閉關處的原址。這個年紀的仁波切已無法自己走路，必須被抬上山。閉關處幾乎已經不剩任何痕跡，仁波切就露宿在星空下的一個小平臺上，其他人就睡在附近的森林和山洞之中。在那麼陡的坡上睡覺，許多人都害怕半夜會滾下山去。後來，在原址上重新建造了一個小閉關處。

美麗的雙彩虹

其他寺廟也邀請頂果欽哲仁波切去訪問，他只要有能力，都答應前往。在沒有道路的地方，大家就用一張行軍床或者轎子抬他。許多時候得要穿過一萬五千英呎高的山口，走過斷壁險峻，涉過河川。一行人都希望有榮幸可以抬仁波切，在每十五分鐘換班一次下，再遠的路程很快就被這群熱心的隊伍走完。

到桑耶寺得搭平底船過布拉瑪布扎河（Brahmaputra River）。坐在頂果欽哲仁波切對面手持熱水瓶的老僧侶，三十年前仁波切快出走前，還曾陪著仁波切到拉薩市探病。

每一座邀請仁波切訪問的寺廟，都準備了同樣華麗和莊嚴
的歡迎儀式。僧侶都戴著白帽以示歡迎，跟著所有當地居
民形成一列長長的隊伍。隊伍最前面是穿著彩色儀式服裝
的樂師。當旅行隊伍走到宗薩寺前，所有人突然看向天
空。一圈明亮的虹光環在太陽周圍形成。這是藏人視為非
常吉祥的象徵。前一天，八蚌寺（Palpung Monastery）*1
的屋頂也升起美麗的雙彩虹，歡迎頂果欽哲仁波切的到
來。

　　不論仁波切到哪裡，他總是傳授佛法、給與安慰及鼓
舞所有來看他的人。佛法並非無法理解、遙不可及的哲
學，而是處理快樂和痛苦最基本的機制。它讓我們看到，
真實和長遠的快樂只能來自內在平靜。要達成這種平靜，
只能藉由培養不自私、愛和慈悲，去除自我中心、憎恨和
貪心。

　　在這一次訪問東藏，及後來兩次探訪東藏和中藏，頂
果欽哲仁波切到處受到驚人的熱誠歡迎。對西藏人而言，
這幾次訪問有極大的意義，他們幾乎無法相信眼睛所見。
許多人喊出：「我們一定在做夢！」三十年來，歷經那麼
多痛苦之後，他們仍然一貫堅持，信心和決心毫無退縮。

參加歡迎儀式的僧侶們，在他們如風化岩石般的臉上，綻開了一朵朵寫滿了歡
欣與安慰的笑容。

公元766年,蓮師入藏後,以神通、法力降服苯教,創建第一座密教寺院桑耶寺與僧團,密乘才在藏地落地生根。文革期間桑耶寺遭到破壞,頂果欽哲仁波切返藏期間向中國政府申請復建,而有現在之面貌。

重建桑耶寺

　　1985年,當頂果欽哲仁波切到達中藏後,他向中國政府提出申請,希望能夠重建桑耶寺(Samye Monastery)*2。仁波切強調桑耶寺對於世界文化傳承的重要性。桑耶寺是西藏第一座佛教寺廟,西元第八世紀由蓮花生大士和寂護(Abbot Shantarakshita)*3在赤松德贊王的供養下建造而成。令人驚訝的是中國政府應允了仁波切的申請。在頂果欽哲仁波切的鼓勵下,不丹國王為此捐助了

大筆款項。

1990年，桑耶寺的主殿已經重建完成，包括它原有的金碧輝煌的屋頂。頂果欽哲仁波切應邀為寺廟重新開光，又再度旅行到西藏。仁波切在桑耶寺主持了一場繁複的三天開光典禮，同時為寺廟六十位僧侶以及所有為此特殊慶典聚集的人們開示和灌頂，其中包括一群西方弟子。許多重建工作尚未完成——主殿周圍八方的八座衛星寺廟、四座大舍利塔，及原來在外圍牆上一百零八座小舍利塔都還未重建。在拉薩時，仁波切在著名的釋迦牟尼等身像前，供了二十萬盞油燈。之後，又訪問中藏許多聖地和寺廟中心。這是他最後一次到西藏。

頂果欽哲仁波切到這個時候已經快八十歲了，他特有的精力似乎仍沒有被影響。但是到了1991年年初，在印度菩提迦耶（Bodh Gaya）*4傳法的時候，他的身體第一次有不適的徵兆。雖然如此，他還是完成了菩提迦耶的傳法，然後似乎毫無大礙地旅行到達蘭莎拉，為達賴喇嘛做了一個月的重要灌頂和口耳傳承。這正是達賴喇嘛多年來所請求的。

回到尼泊爾，春天已接近了，很明顯地，仁波切的健康狀況在退化。他的體重開始減輕，愈來愈需要休息。他大部分的時間都花在默禱和禪定，每天只留下幾個小時接見最需要見他的人。原來他計畫再度訪問雪謙寺，但是不得已取消了第四次回西藏的行程，而選擇在不丹巴羅大藏虎穴對面的地方做三個半月的閉關，那正是蓮花生大士加持過最神聖的地方之一。

融入虛空

閉關之後，頂果欽哲仁波切的健康情況似乎好轉。他探訪了幾位正在閉關的弟子，和他們談及超越生死或任何形體的化現的究竟上師，但是不久之後，

不丹巴羅大藏虎穴。1991
年頂果欽哲仁波切因身體
欠妥,取消第四次西藏之
行後,便於此地閉關三個
半月,健康狀況似乎轉
好,也探訪了些正在閉關
中的弟子,但不久之後又
開始惡化,終於在1991年
9月27日寧靜地入眠。

頂果欽哲仁波切圓寂後，頭七個星期的每個星期五（他的圓寂之日），伯那斯雪謙寺旁的如意圓滿大佛塔上都會為他供上十萬盞油燈。

他的身體狀況又開始惡化，連續十二天，完全無法進食或喝東西。1991年9月27日傍晚時刻，他請隨從把他扶起來坐直，然後寧靜地入眠。到了清晨時刻，他呼出了最後一口氣，他的心已融入絕對的虛空。

頂果欽哲仁波切不可思議的一生終於劃上句點，他這一生，從小即全然投入學習、修行和傳法。無論他在哪裡，不捨晝夜，他總是用同樣永無止境的慈悲、幽默、智慧和尊嚴，把所有的力量投入佛法所有形式的保存和展現。

因應西藏和全世界弟子的請求，仁波切的遺體用傳統方式保存了一年。也從不丹遷移到尼泊爾的雪謙寺擺放幾個月，以供更多人來瞻仰。仁波切圓寂之後頭七個星期的每個星期五（他的圓寂之日），加德滿都雪謙寺附近的伯那斯大舍利塔上供上了十萬盞油燈。尼泊爾整個西藏社區和僧侶們聯合在一起，準備點燃這些明燈。

1992年11月，仁波切的遺體最後在不丹巴羅附近火化，典禮總共舉行了三天，參加人士包括一百位以上的重要喇嘛、不丹王室家族和部長，五百位西方弟子，以及五萬位虔誠的信眾——這是不丹歷史上一場史無前例的聚會。

【第五章】

心靈傳承

雖然過去諸佛都已得到完美的證悟，但是我們既無法親自見到他們，也無法聽到他們的開示。

而我們的心靈老師，是在我們此生中來到這個世界。我們可以見到他，從他那裡得到指示，

引導我們離開六道輪迴的泥濘，走向證悟。

——頂果欽哲仁波切

永不斷絕的傳承

　　傳承和延續性在佛教傳統中非常重要。活生生的教法絕對不能死去；真正的心靈領悟必須從上師傳遞到弟子。偉大的藏傳佛法大師並不是孤絕的神祕主義者。他的智慧是扎根在自信和精進的肥沃土壤中，透過他們的上師如陽光般的加持和智慧，漸漸成熟。報答自己老師方法很多，但是最好的方式就是將老師的開示付諸實行，直到真正的體現在自己心中生起。

　　頂果欽哲仁波切的一生就是這種方式的完美典範。除了他的兩位根本上師外，他曾經向五十位以上藏傳佛法所有派別的傑出大師學習。將法完全融入自己之後，他即開始把法傳遞給數千位弟子。在這些弟子當中，少數幾位成為這些法教的真正執持者，也就是頂果欽哲仁波切的心靈傳人，今天他們仍延續他的傳承。

　　出生於1924年的楚西仁波切，不單只是傳承的一位執持者，正如心意寶藏經文中所預言的，他也是頂果欽哲仁波切「心意寶藏」的主要保存者，而且，還是寧瑪巴傳承中出家眾誓言的主要授與者，曾經為數千位出家眾剃度。

　　三十多年前，當頂果欽哲仁波切到尼泊爾朝聖的時候，有一天晚上，他夢到自己正在爬一座高山，山頂上有一座小廟。他走進去了，在裡面看到他過去的老師並排坐著——雪謙寺的三位主要喇嘛，雪謙賈查仁波切、雪謙冉江和雪謙康楚。頂果欽哲仁波切在他們面前頂禮，唱出哀傷的詩詞，問他們所受的苦（這三位都在五〇年代末期和六〇年代初期死於中共的監獄裡）。他們同樣以詩

前頁圖／頂果欽哲仁波切與幾位轉世者。由左而右為嘉楚仁波切（Gyatrul Rinpoche）戴噶舉派帽結禪定印，頂果欽哲仁波切戴蓮師冠自觀蓮師（右手執金剛杵，左手托嘎巴拉），楚西仁波切戴薩迦派帽結說法印，冉江仁波切戴格魯派帽做辯經時的擊掌手勢。（Marilyn Silverstone攝）

楚西仁波切不但是頂果欽哲仁波切的重要弟子，也是他「心意伏藏」的主
要保存者。頂果欽哲仁波切圓寂後，楚西仁波切就被賦予尋找頂果欽哲仁
波切轉世者的重要任務。

詞，以一個聲音回答：「對我們而言，生死如夢如幻。絕對境界不增不減。」
頂果欽哲仁波切向他們表達強烈的意願，希望不久之後可以在佛土和他們重
逢，因為這個世上佛法在快速消失，許多自稱老師的人只不過是一些騙子，他
覺得留下來也沒有太大意義。這個時候，雪謙康楚凝視著頂果欽哲仁波切，

雪謙冉江仁波切既是頂果欽哲仁波切的外孫，更是他心靈上的傳人。從五歲起雪謙冉江仁波切就跟在頂果欽哲仁波切的身邊，二十五年來接受了他所傳的每一個法。

說：「你必須為眾生辛勞，必須保護佛法，直到你最後一口氣。我們三位將化為一體，轉世來到你身邊，做你的幫手，幫你完成目標。」不久之後，1966年，頂果欽哲仁波切的長女琦美旺姆（Chimé Wangmo）生下一子，被第十六世大寶法王認證為雪謙冉江的轉世。

心靈傳人——雪謙冉江仁波切

雪謙冉江仁波切不只是頂果欽哲仁波切的孫子，也是他真正的心靈傳人。他從五歲開始就由祖父帶大，在二十五年之中，接受了頂果欽哲仁波切所傳的每一個法。雪謙冉江仁波切回憶和自己祖父暨上師極為特殊的關係：

『我對頂果欽哲仁波切的第一個印象就是一位非常疼愛我的祖父。事實上，他就像我真正的父親和母親同在一個人身上。後來，我慢慢長大，這印象漸漸轉化成一種深沈的敬意、信心，到後來，成為一種不變的信仰，頂果欽哲仁波切於是成為我的心靈上師。當我開始研讀經文的時候，我在他身上發現經文中所說的，關於一位真正上師、一位有成就的上師該有的特質。即使他圓寂之後，他存在的力量並沒有消退，反而變得更遍滿一切。我現在了解到，我是多麼幸運能夠遇見他這樣的人。我唯一的目標就是希望能夠保存他的法教，完成他的心願。』

雪謙冉江仁波切的努力，目前已相當有成果。他從二十五歲就開始負下重任，負責照顧雪謙傳承在尼泊爾、西藏，和不丹的大寺廟，同時要監督另一座新寺廟的建造，那正在釋迦牟尼佛證悟的地方印度菩提迦耶。

持哈達的雪謙寺僧侶
們，在外迎接過雪謙
冉江仁波切後，又快
步走向雪謙寺入口準
備再一次的迎接。

宗薩蔣揚欽哲仁波切（Dzongsar Jamyang Khyentse Rinpoche）*1生於1961年。他是頂果欽哲仁波切另外一位親愛的上師，欽哲卻吉羅卓的主要轉世。當年輕的宗薩欽哲仁波切被認證的時候，他被邀請到錫金坐床，頂果欽哲仁波切就旅行到錫金和印度的邊界去迎接他。在回錫金首都甘塔克（Gongtok）幾小時的路程中，頂果欽哲仁波切把男孩抱在腿上，一路哭泣。有些同行的人後來問仁波切，他看起來那樣悲傷，是不是因為擔心這一位小活佛未來有些不祥的徵兆？但是仁波切解釋說，他這是喜悅和景仰的眼淚，因為在那幾個小時之中，他並不是看到一位小男孩，而是像看到過世的蔣揚欽哲卻吉羅卓在眼前一樣。後來，只要有一長段時間沒有看到這一位小活佛，頂果欽哲仁波切在見

左圖／尼泊爾雪謙寺中俗稱「祖古」的轉世小喇嘛們。

中圖／宗薩欽哲仁波切是頂果欽哲仁波切的上師宗薩蔣揚卻吉嘉措仁波切的
　　　轉世，也是敦珠法王的長孫。頂果欽哲仁波切只要有一段長時間沒看
　　　到他，見面的時候必定會向他頂禮。宗薩欽哲仁波切也成為頂果欽哲
　　　仁波切非常親近的弟子。

右圖／頂果欽哲仁波切與雪謙冉江仁波切（右），貝瑪旺賈仁波切（左）。

到他的時候，就會向他頂禮，就算是在灰塵滿布的馬路上也不例外。後來，宗薩欽哲仁波切成為頂果欽哲仁波切非常親近的弟子，從仁波切身上得到無數開示和灌頂。宗薩欽哲仁波切現在負責印度和不丹許多寺廟和佛教學院。

秋夜空中的繁星

　　要在此列出頂果欽哲仁波切所有的弟子是不可能的，因為就像西藏諺語所說，他們多得像秋夜空中的星星一樣。雖然如此，還是在此列出比較著名的幾位，除了前面已經提過尊貴的達賴喇嘛之外，還有兩位秋林仁波切（Choling Rinpoche）、南開諾布仁波切 （Namkhai Norbu Rinpoche）[*2]、吉美欽哲仁波

切（Jigme Khyentse Rinpoche）、日噶康楚仁波切 （Dzigar Kontrul Rinpoche）、賢嘎查巴仁波切（Senga Trakpa Rinpoche）這位多年獨自閉關的傑出修行者、烏金督佳仁波切（Orgyen Topgyal）和達龍澤楚貝瑪旺賈仁波切（Taklung Tsetrul Pema Wangyal Rinpoche）這位被認為是理想弟子的模範，而且也是一位有資格的上師。

除此，丘揚創巴仁波切（Chogyam Trungpa Rinpoche）*3、索甲仁波切（Sogyal Rinpoche）*4以及頂果欽哲仁波切的許多其他弟子，都已是西方有影響力的老師。

長存人間

頂果欽哲仁波切的傳承不但存活著，而且保存得很好。我們依舊感受到他智慧和慈悲的溫暖，足以融化我們生命之礦，釋放內在佛性之金。

頂果欽哲仁波切的一生徹徹底底地活在佛法中，他的一呼一吸都是佛法。他能超越任何文化背景，激勵人們深刻地詢問自己，關於自己人生的選擇。他也擁有深厚的實證經驗和智慧，能夠指導人們尋找自己的道路。頂果欽哲仁波切開示中所提出來的問題，不管是對過去和現在的人們，都是那樣富於新意且切要。他一向堅持，佛法之路就是生命的全心投入，永無休止的努力，一種如實體驗事物真正相貌的方式。

右圖／雪謙冉江仁波切七世與尼泊爾雪謙寺的僧侶們。頂果欽哲仁波切的弟子之多，一如藏諺所說：多如秋夜天空裡的星子。

超越時間的生命——夏嘎*1

我在閉關。

有一天中午,天空晴朗,我走到山洞上面的山頂上,獨自坐著。

望向北方,我看到一朵純白色的雲從一座山頂上飄過來,像沸騰的牛奶滾開來一樣。

那一剎那,我想起珍貴的心靈父親,這思念令我無法自已,遂唱出這首思念之歌:

從北方,一朵純白色的孤雲自山巔湧現而來——

白如滿溢之奶。

見此,憶起上師之慈悲。

那遙遠的雲朵之下是「吉祥隱庵」孤絕的高地。

上師在此殊勝處閉關之方式,

浮現我心。

憶起彼之慈悲,

熱淚盈眶,悲從中來。

己心受挫,覺受不定——一切皆模糊而不真。

倘上師再現,何等奇妙!

己乃凡夫俗子,信心微薄之人。

但仍渴望再次面見彼。

上師安住於絕對虛空中

悲憐之子,仍在輪迴泥濘中。

見草原中百花齊放，

憶起真實上師之面貌。

當時仍能親見師，得激勵；而今卻無緣。

再三思憶，上師充滿我心。

聽布穀鳥溫柔鳴叫，

憶起真實上師之聲音，低沈而和諧。

當時仍能親聞師之悅耳聲，而今卻無緣。

再三思憶，上師充滿我心。

見太陽四處綻放光芒，

憶起真實上師之智慧與慈悲。

當時溫柔地照顧我；而今不復再。

再三思憶，上師充滿我心。

思憶起離去數月、數年後，再面見上師時：溫馨笑顏，如在眼前。

不論走向何方，思憶上師；

不論身處於何隱密處，思憶上師；

不論見何徵兆，思憶上師——

永遠，隨時，思憶我真實上師。

當我唱著這首哀傷的歌，那朵雲彩繼續膨脹，直到它成了一堆珠寶的模樣。

在它的上方，我的根本上師在一個五色彩虹光的帳篷中現起。

他跳了一支優雅的舞蹈，持著保護的手印，比平時還更華麗，

散發無與倫比的慈悲與愛。
他的笑容燦爛，用像婆羅門的聲音說出這些話：

高貴之子，如同我心。
請勿沮喪，聽父所言。
由過去祈禱之力量，我們父子相聚，
在絕對明光境中，我倆不可分。

兒子，從現在起，
令修行的期限等同於你生命長度之期限。
在獨自的山中閉關處所，四處流浪；
勤儉修行，願你能夠利益一切幸運眾生。

不要悲傷，看著感受悲傷的心。
上師與心是無二無別的。
思憶上師的心，也是上師融入的心。
安住在心不造作的心之本性中，絕對之境。

接著，以優美而輕飄的動作，
彷彿在舞蹈一樣，他往上升，愈來愈高，
直到像彩虹一般消失在天空中。
雲朵接著也消失到虛空中，我的悲傷也一同消逝了。
在那超越意念的寧靜之境，我停留了很長一段時間。

【第七章】

吉祥圓滿

當我們看到快樂的時候，讓我們想：「願一切眾生達到成佛至樂。」

當我們看到痛苦的時候，讓我們想：「願所有眾生之痛苦平息。」

——頂果欽哲仁波切

轉世靈童

1995年12月28日，為數甚多的喇嘛、僧侶，和來自全世界各地的弟子，聚集在尼泊爾東部的馬拉蒂卡（Maratika）石窟。這是蓮花生大士的聖地。在那裡，七十二歲的楚西仁波切帶頭等著，後面站著色彩鮮豔的隊伍，有僧侶、有信徒，每一個人手上都拿著一炷香，望向天空。山中原始的寂靜，突然被一架俄國直升機漸強的聲音所打破。直升機上面二十二位乘客中，有一位小孩。他就是不久之前被認證為頂果欽哲仁波切轉世的靈童。

當兩歲半大的小活佛在母親的懷裡現身時，楚西仁波切向他獻上一個長哈達。小男孩像是完全熟悉這種傳統見面禮俗一樣，熱切地把哈達套在楚西仁波切的脖子上。

這不是一般的見面。這一位小男孩是在聖母峰附近遙遠偏僻的寺廟中，被楚西仁波切認證為他敬愛的上師，也就是頂果欽哲仁波切所轉世的孩子。

1991年，頂果欽哲仁波切圓寂之後，他親近的弟子自然轉向楚西仁波切來尋找轉世，因為楚西仁波切是頂果欽哲仁波切最資深且最有成就的弟子。

從那個時候開始，楚西仁波切做了許多夢，也有許多淨見，清楚地指示出轉世的身分。其中一次還包含一首四行詩，透露出孩子的出生年份，父母的名字，以及他可以被尋獲的地點。不過楚西仁波切一直讓這些細節保持機密性，一直到1995年4月，他傳了一封信給頂果欽哲仁波切的孫子雪謙冉江仁波切。解碼之後，那一首詩表示父親是秋林仁波切名舉德偉多傑（Mingyur Dewai Dorje）（頂果欽哲仁波切最親近的心靈朋友之一祖古烏金仁波切〔Tulku Urgyen Rinpoche〕的兒子），母親是德千帕宗（Dechen Paldron）。一如詩中

前頁圖／摩那薩羅伐湖（Manasarovar Lake），靠近開拉希山（Mount. Kailash）。

頂果欽哲仁波切的轉世者烏金天津吉美朗竹（Urgyen Tendzin Jigme Lhundrup）生於1993年6月30日（藏曆雞年5月10日，也是蓮花生大士生日）。他是頂果欽哲仁波切的心靈好友祖古烏金仁波切（Tulku Urgyen Rinpoche）的孫子。

雪謙冉江仁波切與烏金天
津吉美朗竹。

達賴喇嘛與烏金天津吉美朗竹，雪謙冉江仁波切。烏金天津吉美朗竹是由達賴喇嘛所命名的。意義是「任運無畏蓮師法教持明」。

所提到的，他們在雞年5月10日（1993年6月30日），也就是蓮花生大士生日的那一天所生的兒子，絕對是帕卓（頂果欽哲仁波切的名字）的轉世。達賴喇嘛也確認了這個小男孩為頂果欽哲仁波切的轉世。

12月29日，在馬拉蒂卡石窟舉行了一場簡單而動人的儀式。有許多參與者甚至從加德滿都或不丹步行多日才到達。對他們而言，那就像是太陽從他們心

中升起，照耀到全世界。頂果欽哲仁波切圓寂
之後幾天，達賴喇嘛曾寫下這一首祈請文：

> 眾生愈無助，
> 愈需本覺之慈悲關愛。
> 如是，在此黑暗時期，
> 欲令一切眾生成熟、解脫，
> 請盡速揭開轉世如月亮般的面貌！

現在，一切吉祥圓滿！

1995年12月29日烏金天津吉美朗竹在尼泊爾東部馬拉蒂卡石
窟舉行坐床大典。由楚西仁波切向他獻上法袍。馬拉蒂卡石
窟在深山中，距離最近的道路也要走三天才到，蓮花生大士
與佛母印度公主曼達拉娃就是在這裡受無量壽佛加持，證得
無始虹光成就。

頂果欽哲仁波切

簡短開示選集

＊註：題目皆由譯者增添

 關於上師

一顆水晶放在任何一塊布上，不論白、黃、紅或黑，就會透出那一塊布的顏色。同樣地，經常跟你在一起相處的人，不論他們影響是好或壞，對於你生命和修行的方向，會有極大的影響。

應該花時間和真正心靈的朋友相交，這會讓我們對所有眾生充滿愛，同時也會幫助我們看到什麼是負面情緒和憎恨。和這樣的朋友在一起，學習他們的作為，自然能讓自己浸淫在他們優良的特質中，就如同環繞金山飛行的鳥兒，沐浴在金色光芒中。

為了讓自己從六道輪迴痛苦的惡性循環中解脫出來，達到證悟的全知，我們必須依賴一位真正的老師。這樣一位老師一切的思考、言語和行為永遠全然依據佛法。他能夠告訴我們怎麼做才能夠在道路上進步，怎樣做才能避免障礙。一位真實的心靈老師就是一面帆，讓船快速地渡海。

如果相信他的話語，就很容易找到六道輪迴的出口，這也就是為什麼老師那麼珍貴。證悟並不能只根據自己的想法就可以達成，修行的每一個階段，不論是根據經教或密續，都需要一位夠資格的老師講解。

話說所有過去的佛，現在的佛，以及未來的佛，都必須跟隨一位老師才能夠成佛。

佛陀的開示廣大，密法傳承眾多，涉及的主題無盡。缺少老師的口訣指示，我們永遠無法知道如何把這麼多的法教濃縮到最精要的點上，以及如何實修。

雖然上師在我們面前呈現的是平凡的人形，行為舉止看起來也都像凡人，事實上，他的心與佛陀無二無別。上師和佛陀之間的唯一差別，就是上師對我們的慈悲，而這個慈悲事實上已經超越所有過去的諸佛——因為雖然過去諸佛都已得到完美的證悟，但是我們既無法親自見到他們，也無法聽到他們的開示。而我們的心靈老師，是在我們此生中來到這個世界。我們可以見到他，從他那裡得到指示，引導我們離開六道輪迴的泥濘，走向證悟。

 關於心的本性

為了驗證無生自性的高地，我們必須溯源而上，認清自己意念的源頭。要不然，一個念頭會帶出第二個念頭，第二個念頭會帶出第三個，永無止盡。我們經常被過去的回憶所騷擾，被未來的期望所牽引，當下卻毫無醒覺。

是我們的心，引領我們進入娑婆輪迴的迷途。我們對心真實的本性是盲目的，只知道緊緊抓住自我本性所幻化出來的意念，以致覺性被固化成像是「我」和「他」、「可欲」和「可惡」，以及許許多多其他的概念。這就是我們創造娑婆世界的方式。

反過來說，如果不讓念頭固化，如果能夠認清念頭的空性，那麼每一個在心中昇起和消逝的念頭，都能夠讓我們對空性的體現愈來愈清晰。

在最冷的冬天，寒凍使得湖川結冰；水變成固態，能夠承受人、動物，和車。春天到來，大地和水溫暖起來，開始解凍。冰原來的硬度到哪裡去了？水是柔軟的、流動的，冰是硬的、尖的，我們哪能說它們相同？但是我們又怎能說它們不同？因為冰只不過是固化的水，而水只不過是溶化的冰。

我們對周圍世界的覺受也是相同的。我們執著於現象的真實性，不斷的在吸引和排斥之間、享樂與痛苦之間、得與失之間、有名與無名之間、稱讚與責備之間受盡折磨，於是我們的心固化了。我們必須將概念的冰化解為內在自由的活水。

六道輪迴和涅槃的一切現象都像彩虹一般地現起，而跟彩虹一樣，它們並非具實存在。一旦我們認識到實像的真實本性，也就是本性為空，卻同時能現起為萬象的世界，那我們的心將不再受幻覺所驅使。如果知道如何令念頭在現起時即自我消溶，它們就會像飛鳥劃過天空一樣地劃過我們的心——不留下任何痕跡。

保持這單純的狀態。如果遇見快樂、成功、繁榮，或者其他有利的條件，把它們視為夢和幻象，不要執著。如果患上疾病、被人毀謗、權益被剝奪，或者遭受其他身體上或心理上的折磨，不要灰心，反而要重新燃起慈悲心，發願因著自己的痛苦，願所有眾生的痛苦能夠燒盡。不管什麼狀況昇起，勿墜入狂喜或悲痛，在不可動搖的寧靜中保持自由和安適。

 記得死亡

就如同每樣東西不可避免的不斷走向它終究的消逝，我們的生命也同樣的，像一盞油燈一樣，很快將燒盡。一種愚蠢的想法是認為自己可以先完成所有的工作，然後退休後利用生命後段來修行佛法。你能確定你會活那麼久嗎？難道死亡不但襲擊老年，同時也襲擊青年嗎？所以說，不論你在做什麼，記得死亡，將心專注在佛法上。

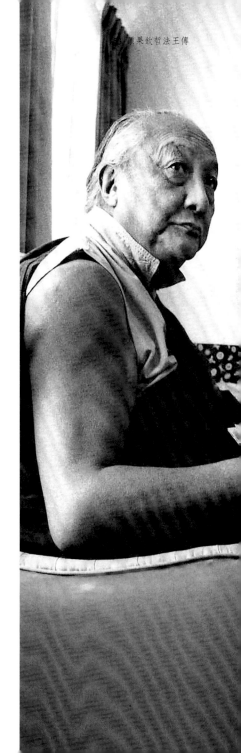

 空性就是上師

當你見到高山，
請記得內在的見地，
內在的見地就是上師的心，
與你心的本性無二無別。

當你見到美麗的森林，
請記得體驗和証量，
無需期望也無需懷疑，
它們都是上師的幻化。

當你見到滿園的花朵，
請記得行為是自然的解脫，
所有行為與法相應，
這就是上師圓滿的生命。

不論你的念頭多麼錯亂，
它們不過是智力的產品。
一旦你令念頭被解脫
於不生、不住、不滅，
念頭即消融於空性。
那赤裸的空性就是上師：
超越智力的原始智慧。

 關於慈悲

自無始以來，我們無數的生命中，每一次都必定有父母。所以說，每一個眾生都曾經當過我們的母親或父親。每當想到這些曾經是自己父母的眾生，長久以來，無助地在輪迴中流浪，就像是迷了路的盲人一樣，我們不得不對他們生起極大的慈悲。但是光有慈悲是不夠的，他們需要實際的幫助。但是只要我們的心還受執著的囹圄，就算給他們食物、衣服、錢，或者單純的善意，最多也只能帶給他們一種暫時而有限的快樂。因此，必須尋找一種方式，讓他們能夠完全從痛苦中解脫。而唯一的方式，就是踏上心靈之道，先轉化自己，才有能力轉化他人。

慈悲應該是沒有偏見的對待所有眾生，不去分辨誰是朋友，誰是敵人。應該持續在心中保持這種慈悲，所做的任何正面行為，即使只是獻出一朵花，或者念誦一個咒語，都應該加上一種希望，願所有眾生，沒有例外的，都能夠因此行為而得到利益。

過去時代的偉大老師們認為，最珍貴的開示就是空性和慈悲的無二無別。他們培養慈、悲、喜、捨四無量心，而幫助他人的能力，毫不費力地自然從這四無量心中現起。因著對所有眾生慈悲的動機，我們應該在心中堅定地發願，為利益一切眾生而證悟。沒有這個發心，我們的慈悲只不過是真正慈悲的劣質仿冒品。據

說：「祈願他人快樂──即使是想危害我們的人──是完全快樂的泉源。」當我們最後到達這個境界時，對所有眾生的慈悲就會自然現起，完全無需造作。

非常重要的一點是：我們必須全力專注去完成為他人成佛的承諾，直到我們清楚地看到平凡生命中的一切活動是多麼了無意義且充滿無謂的困擾。眾生在這艱困時代中退化的狀況，不免令我們撼動而悲傷，而在心中生起一種強烈的決心，要從娑婆世界中解脫出來。如果這樣的態度真正生根，大乘佛法的功德和成就絕對會從中生長。但是，如果從娑婆世界解脫的真實決心沒有深深種植我心，我們的佛法修行就沒有辦法真正完整地發展。

所有眾生都同樣希望快樂，不希望痛苦。我和他人之間的重大差別就只在數量上──我只有一個人，而他人無數。所以說，跟無量其他眾生的快樂和痛苦相比，我個人的快樂和痛苦是完全微不足道的。真正重要的是其他眾生快樂還是痛苦，這就是決心達成證悟的根基。我們應該希望他人快樂，而不是自己，尤其應該希望那些我們認為是敵人，以及對我們不好的人能夠快樂。不然的話，慈悲有何用？

 妄念

我們平常稱為「心」的其實是迷惑的心，是執著、憤怒和無明攪起的念頭所形成的混亂渦旋。這個心不同於証悟的覺知，這個心永遠不斷的被一個接一個的妄念帶走。仇恨或執著的念頭隨時可能因為偶然遇見仇敵或朋友而毫無預警的突然生起。如果不能用正確的對治立即征服這種念頭，會快速生根繁殖，加強心中仇恨或執著的慣性主導位置，增添更多業力的烙印。

但不論這些念頭有多麼強烈，它們畢竟只是念頭，終究會消逝於空性中。當你認識到心的本性，這些似乎隨時在出現與消失的念頭再也無法欺騙你。就如同雲會形成、停留片刻，然後又消逝於天空中，同樣的，妄念生起、停留片刻，然後又消逝在心的空性中。事實上什麼都沒有發生。

當陽光照到水晶，彩虹般的光會出現，但這些光並不具有能被抓住的實質。同樣的，所有的念頭呈現出無限的樣貌——虔誠、慈悲、害人之心、慾望——但它們完全沒有實質的存在。這就是佛陀的心。沒有任何念頭不是空性。當念頭生起的那一剎那，如果我們能了解念頭的空性，它們會消逝。執著與仇恨永遠無法打擾自己的心，迷惑的情緒會自動瓦解，不會累積負面行為的業，也不會有苦。

我執

如果你今天就能征服我執，你今晚就會証悟。如果明天征服它，明晚就會証悟。但如果你永遠無法征服它，你就永遠無法証悟。而「我」不過就是一個念頭。念頭和情緒沒有實質的固態形式、形狀，或顏色。心中升起一個念頭：它的威力之強，讓你充滿侵略心和毀滅心。此刻，是憤怒在高舉武器嗎？是憤怒帶領了千軍萬馬嗎？它能像火一樣燒東西，像石頭一樣把東西碾碎，像暴漲的河流一樣把東西沖走嗎？不。憤怒就像任何的念頭或情緒一樣，它沒有真實的存在——甚至在自己身體、語言或念頭中都沒有確切的位置。它就像風，在空曠的虛空中狂吼。

不要被狂野的念頭所奴役，反而要去認識念頭空的本性。當你征服了內在的仇恨，你會發現在外沒有剩下任何一個敵人。反過來說，你可以用蠻力征服全世界的所有人，但你的仇恨只會越來越大。放縱自己去滿足仇恨永遠不會讓它消逝。唯一無法忍受的敵人就是仇恨本身。仔細去研究仇恨的本質，你會發現它不過就是一個念頭。當你如是見到它，它就會像一朵雲消失在空中。

 三乘

佛法的開示描述三種基本態度。這三種態度相對於三條道路，也就是「三乘」。這是可以一起修行，作為一個完整的體系。

出離是基本乘的基礎，於是也就成為所有以下道路的根本。出離心意味著一個強大的願望，願自己能夠不但從眼前的悲苦中解脫出來，也要從娑婆世界因果輪迴帶來的似乎永無止盡的痛苦中解脫出來。出離心帶來的是一種真心體驗的厭倦，對於人世間永無止盡尋求滿足、肯定、利益及名望的幻滅。

慈悲是大乘的原動力。慈悲生起的過程是：當我們體會到「自我」和現象世界現起的一切其實都沒有俱足、獨立的存在，我們會看到一切的苦來自自己以及他人基本的無知。我們都誤將無窮現起的幻象當成獨立而永遠存在的個體。覺醒的人則認識到，缺乏任何獨立實質的存在正是一切的究竟本性。覺醒的人看到眾生在無知的魔法下正在六道輪迴中流浪、受苦，自然根據他對眾生感受的無窮慈悲而行動。大乘的修行者因同樣的慈悲心而感到激勵，不單為自己的解脫發願要成佛，而為的是得到能力來渡一切眾生脫離六道輪迴固有的苦。

純淨的見地是金剛乘殊勝的觀點。這就是要在一切眾生中見到佛性，在一切現象中見到最原始的純淨和完美。每一位眾生都具有佛性，就如同每一粒芝麻都具有油一樣。簡單的說，無知就是不

認識佛性，像一個窮人不知道自己茅屋下藏著一壺黃金一樣。所以說，走向証悟的旅程就是重新發現這被遺忘的本性，就像撥雲見月，當遮蔽太陽的雲朵被吹走之後，重新見到本來就一直燦然的太陽一樣。

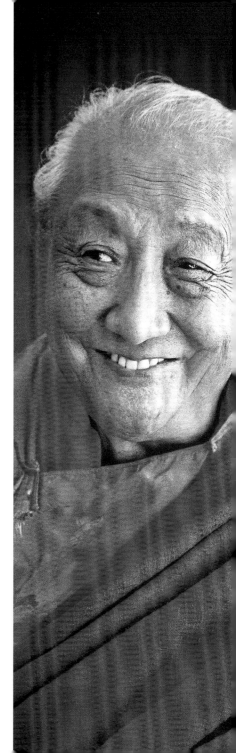 心與見地合一的口訣

輪迴與涅盤一切現象的泉源
是心的本性——空、明亮，
包含一切，廣大如虛空。

當你來到這如天一般廣大的境地，
在它的開闊中歇息，就安住在那開放中，
與那天空般般廣大的境地融為一體：
自然的，你會越來越放鬆在這境地之中——
妙哉！

如果能成就
此心與見地合一之方法，
你的領悟自然會廣大。
而如同太陽在虛空中自由的照耀，
你的慈悲亦無誤照耀一切未成就之眾生。

 ## 証悟和迷惑的現象

佛的特質遍滿一切眾生，就像油遍滿一粒芝麻一樣。這些特質從來就在，從來就是完滿不變的，是究竟本性的自然燦然表達。所以可以說涅槃的一切特質同樣的完全遍滿於充滿痛苦與幻象的六道輪迴中。迷惑和覺悟這兩種現象之間的關係是什麼？想一想天空中的雲。雲的形成依賴著天的存在。但天永遠不變。雲出現在天空中，之後被風吹散，天空重新出現，但它一直都是一樣的。同樣的，沒有任何現象——包含六道輪迴中的——會被涅槃覺醒狀態所壓制。現象在覺醒的本性中現起，但不會改變那本性。

這麼說的話，迷惑的現象是否也遍滿覺醒的現象？不，因為究竟本性是永遠不變的，不會被任何妄念所影響。於是能說迷惑的現象從來就無異於究竟本性，但究竟本性之中並不包含迷惑的現象。佛性存在於迷惑中，但迷惑不存在於佛性中。

《大幻化網密續》中說，「究竟本性被念頭的形成所遮蔽。」眾生遺忘了究竟，也就是他們自己的本性。究竟本性像太陽，現象像從太陽射出來的光束。如果能認識到這一切的光束，這些現象，都來自太陽，就是究竟本性本身，這就是當下完全証悟。但不覺醒的眾生並不認識光束是哪裡來的，背向太陽，不去看光束的泉源，反而看向光束的落點。他們開始產生一種概念，認為外

面有客體，裡面有主體。接著，當五種感官將「客體」連向「主體」，這就產生渴求和排斥。六道輪迴的種子已被播下，從中便長出娑婆輪迴的三世。但在這過程中，迷惑的現象從來就沒有和佛性分開過，因為佛性永遠遍滿每一位眾生以及一切現象。

正像全世界所有的山脈、大洲以及一切其他都存在於無限虛空之中，同樣的，一切現象都在佛性之中現起。虛空能讓整個宇宙在它之內現起，但虛空不需要向在它之內現起的任何現象表現自己。同樣的，覺醒的諸佛不需要用任何方式現起。但因為在成佛之前所許下的強烈願望，以及眾生對他們祈請加持所創造的緣，使諸佛自然以不同的方式現起，根據眾生的需求而幫助眾生。

所以說，証悟和迷惑的現象同樣都包含在究竟本性之中。但這究竟本質從來不會被相對現象的迷惑所污染或遮蔽。

象是內在究竟本質的燦然表現；
心的本性是內在究竟本質的智慧表現。
究竟上師——現象與心融成一味-
自然駐於己內。啊哈！喜哉！

 心與覺性

如果能夠分辨心及覺性，而認識到原初本性，

究竟的見地會漸漸清楚。

即使內在覺性現在還不清楚，

只要不讓心散亂於外，即可；

因為覺性就在心的甚深處。

一種說法是，就像是水和冰：

水和冰不完全一樣，

後者是固體，抓得住。

但是融化的冰與水無別，

所以在實性中，水和冰非二，而是同一。

同樣地，心，因迷惑而非覺性，

當我們領悟心的本性，心即與覺性無別。

心與覺性在感受上雖相異，

卻無法經由推理分析而分辨。

有一天，當我們對覺性的信心增長，

心，就像無智的小孩，

而覺性，就像一個充滿智慧的老智者。

覺性不會追逐心，而會超越它；

安住在放鬆、寧靜的狀態中。

 心的本性

心無形、無色，無體；這是它的空相。但是心有知的能力，可以
覺察無限種類的現象；這是它的明相。這兩種面相無二無別，空
性和明性，就是心之原初、相續的本性。

現在，我們心的自然清明被迷惑所遮蔽。當障礙物漸漸被清除，
我們會開始揭露出覺性的燦然，直到一個地步，就如同在水面上
畫一條線，畫下去的那一剎那，線便在水上消失。同樣的，念頭
在現起的那一剎那同時即解脫。以這種方式體驗心，就是接觸成
佛的泉源本身。當心的本性被認出來，這就叫做涅槃；當它被迷
惑所遮蔽，這就叫做輪迴。但不論是輪迴或涅槃，都從來沒有離
開過究竟的相續性。當覺性到達最飽滿的狀態，迷惑的堡壘會被
攻破，究竟的城堡，超越禪定，可以永久把握住。

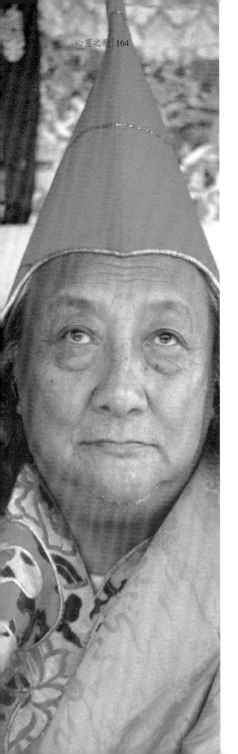

 修行的步驟

證悟的步驟有三：了解、體驗和真實的證悟。第一個步驟是理論性的理解，來自研讀經文。這當然是必要的，但並不是很穩定。它像一塊布上的補丁，終究會脫落。理論性的理解不夠堅強，無法讓我們承受生命中的起起落落。一旦面臨困境，任何理論性的理解都無法讓我們克服困境。

禪定的經驗像煙霧，終究要消逝。如果在一個隱密的地方專注禪修，我們必然會得到某些體驗。但是這一類的體驗非常靠不住。有人說：「奔向體驗的禪修者，就如同小孩奔向一道美麗的彩虹一樣，會誤入歧途。」專注而密集的修行可能會帶來一剎那的通靈，也會讓我們看到某些成就的徵兆，但是這一切只會增加期望和傲慢──只是一些魔鬼般的騙局，障礙的來源。

話說好的狀況比壞的狀況更難處理，因為好的狀況更令人分心。如果我們得到一切所欲──財富、舒適的房子、衣服──應該把它視為幻覺一般，像是在夢中得到的財產，而不要對它產生一種慣性的執著。如果有人對我們生氣，或者威脅我們，反而比較容易修忍辱的禪定；如果我們生病了，也比較容易面對。這些都是造成痛苦的因，而痛苦本身自然會提醒自己想到佛法。所以說，從某個角度來看，這些困難的遭遇反而比較容易融到自己道路

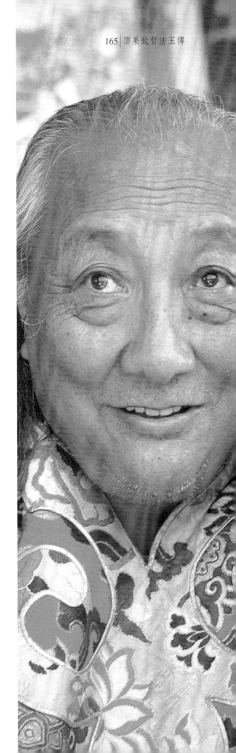

中。但是當一切都很順暢,也感覺快樂時,我們的心毫無困難地
會接受那個狀況。就如同全身塗滿了油,執著很容易在無形中滲
入我們心中;它會變成意念的一部分。當我們開始執著於有利的
狀況,會開始迷上自己的成就、我們的名、我們的財富。這是非
常難去除的。

但是擁有證悟的人就像一座壯麗的山,無法被任何風動搖,就像
永遠不變的藍天。好的狀況和壞的狀況,即使來幾千個,都不會
形成執著或排斥,不會造成任何期待或懷疑。經文這樣形容,如
果在他一邊站著一個人,拿著檀香扇子幫他搧風,另一邊站著一
個人拿斧頭準備砍他,他不會較高興有人幫他搧扇子,也不會更
恐懼有人要砍他。這樣的人,所有的迷惑都已消失殆盡。不管任
何狀況,不論有利或有害,都會讓他在道路上有所進步。

執著於「我」

心將經驗分成主體和客體,先認同主體,「我」,然後認同「我的」這個概念,然後開始執著「我的身體」、「我的心」,以及「我的名字」。當我們對這三種概念的執著愈來愈強烈,愈來愈只會全心關注自己的福祉。我們對於舒適的追尋,無法忍受生命中令人厭煩的狀況,全神貫注在享樂和痛苦、財富和貧困、名氣和平凡、稱讚和指責,全部都是因為「我」這個概念。

我們執著於自己的程度,讓我們幾乎從來不去想他人的福祉。事實上,我們對他人的興趣不比老虎對吃草的興趣大。這和菩薩的觀點完全相反。自我事實上只不過是一個意念的塑造,當我們了解到,所執著的對象,以及能執著的心,都是空的,就很容易可以看到他人和自己沒有兩樣。我們通常照顧自己所費的心思,就是菩薩照顧他人所費的心思。菩薩如果認為投身地獄的火海可以幫助眾生,他就會毫無猶豫這麼去做,就像是天鵝飛入涼爽的湖泊一樣。

日常的願望

任何時候，我們都應該一而再地為所有眾生的利益許下廣大的願望。睡覺的時候，我們應該想：「願一切眾生達到究竟之境。」醒來的時候，我們應該想：「願一切眾生覺醒於證悟之境。」起床的時候，我們應該想：「願一切眾生均得佛身。」穿衣服的時候，我們應該想：「願一切眾生都知恥而謙虛。」點火的時候，我們應該想：「願所有眾生燒盡妄念之薪材。」吃飯的時候，我們應該想：「願一切眾生食用專注之糧。」當我們開一扇門的時候，讓我們想：「願一切眾生打開通往解脫城之門。」關門的時候，讓我們想：「願一切眾生關上通往下三道之門。」走到外面的時候，讓我們想：「但願我能步上讓一切眾生解脫之道路。」上坡的時候，讓我們想：「但願我能帶領眾生走向上三道。」下坡的時候，讓我們想：「但願我能去下三道解放眾生。」看到快樂的時候，讓我們想：「願一切眾生達到成佛之樂。」看到痛苦的時候，讓我們想：「願所有眾生之痛苦平息。」

 主宰自己的心

佛陀開示的全部重點就是要讓我們主宰自己的心。如果能夠主宰自己的心，就能夠主宰我們的身體和語言，如此我們和他人的痛苦就得以結束。但是如果我們的心充滿負面情緒，不管身體的行為和所說出來的話語看起來多麼完美，其實已經遠離了正道。

要主宰自己的心，需要隨時意識到所有的意念和行為。不斷反復地檢查自己的心，負面意念一旦生起，即用適當的方式來對治。當正面的意念生起，則以迴向來加強所帶來的利益，希望所有眾生都能夠達到究竟證悟。如果我們能夠在平靜和內省的修行中保持恒常的覺察，漸漸地，就算是在一般活動和干擾之中，也能夠保持對智慧的認識。所以說覺察心是脫離輪迴中一切煩惱的基礎和解藥。

佛法修行應該可以引領我們，不論是在禪定中，或者禪定之外，同樣保持恒常的覺性。這是所有心靈開示的精要；沒有這個，不論我們念誦多少咒語和祈請文，不論做多少的大禮拜和繞塔，只要我們的心是散亂的，那一切對去除難解的情緒絲毫沒有幫助。永遠不要忘記這最重要的一點。

再論上師

上師像一艘偉大的船隻，帶領我們渡過生命險惡的海洋；他是一位永不偏離航線的導航者，引領我們踏上解脫的乾地；他是甘露雨，熄滅著我們負面情緒和行為的大火；他是光耀的太陽和月亮，驅除無明的陰暗；他是著實的大地，耐心的承擔一切善與惡；他是一棵許願樹，賜給我們現在及究竟的快樂；他是一個寶藏，存著廣大而甚深的教義；他是一顆如意寶，提供眾生在道上任何所需；他是父親也是母親，同樣平等的愛一切眾生；他是一條慈悲的河流，寬大而迅速；他是一座喜悅的高山，聳立在世間煩惱之上，不因情緒的強風而動搖；他是一朵偉大的雲，無偏見到處下著利益之雨，不被任何好惡所影響。

能夠和上師建立起任何關係，不論是親自見到他、聽到他的聲音、憶起他，或是被他的手碰觸——都會引領我們走向解脫。完全信任上師是在証悟道路中進步的最穩方式。上師慈悲與智慧的溫暖會化掉我們心中的鐵，放出內在佛性的黃金。

 精要指示

話說：「智慧的徵兆就是自制，而成熟心靈經驗的徵兆就是沒有煩惱。」這意思是說，當我們越來越有智慧和學問的同時，也會以同樣的程度變得更平靜、和平，祥和，而不是猖狂，充滿傲慢和自大。年復一年，當修行越來越進步，我們會對舒適和不舒適感到無所謂，會沒有任何傲慢心，永遠平靜，不被外在事件所煩心，我們的心會非常謙虛，超越期望和疑慮，無視於八種世間煩惱——得與失、快樂與痛苦、稱讚與指責、有名與平凡。又說：「心靈修持之中，困難在開頭；世間事務之中，困難在後面。」這意味著，當我們放棄一般的活動，讓自己完全精進的修持，可能會遭遇某些外在和內在的障礙。但是越堅持，就會越快樂。反過來說，世間事務在開始的時候會帶來一些短暫和表面的滿足，但是終究它的結果總是痛苦的失望。

應該把其他意念都拋開，只要在乎修持所帶來的內在轉化。不要執著於財富、名譽，和權力，反而培養謙卑心——不只是幾個月，而是一生。

應該經常檢查自己是否成功的運用佛法來馴服心中的煩惱。如果任何修行產生相反的結果——讓我們的負面情緒和自私心增加——這種修行就不適合自己，應該放棄。當我們開始修行，不要隨便

去聽任何人的意見。讓自己像一隻野獸一樣，逃離陷阱，盡己所能的越跑越遠。我們必須完全脫離輪迴，不能一半在裏面，一半在外面。

在人群當中，永遠要保持警覺心。我們要保持無造作的單純狀態，記住上師的指示。

應該讓自己像一個剛剛和初生嬰兒分離的母親一樣。母親對自己的孩子非常的慈悲和照顧，如果有人把孩子拿走，就算是很短的時間，她也沒有辦法停止想他。同樣，我們永遠不要失去了這份警覺心和看守心。

就算今天死亡如雷電般的降臨到自己身上，我們應該已經做好隨時死亡的準備，沒有任何悲傷和遺憾，對所留下來的一切沒有任何殘餘的執著。我們應該安住在見解的體驗中，像一隻老鷹衝上藍天一樣的離開這個生命。當一隻老鷹起飛，進入龐大的天空，牠從來不會去想：「我的翅膀沒有辦法帶著我；我沒有辦法飛那麼遠。」同樣的，當死亡來臨的時候，記住上師和他的指示，完全有信心的遵照這些指示。

究竟的上師，絕對的境地，從未與我們分離，
未成熟的眾生認不清，在遠處向外尋找究竟上師。
唯一的父親，以龐大之愛，已讓我看見己之財富；
曾為乞丐之我，持續在內心深處感受到師之存在。

遍滿全世界及眾生、輪迴及涅盤的智慧上師，
你讓我看到，一切現象的現起就是開示，
令我相信，一切即為絕對上師；
我渴望究竟之成就，從內心深處感受師之存在。

【注釋】

序及前言

1寧瑪巴（Nyingmapa）：西藏最早的佛教先驅，建立在西元八世紀晚期。蓮花生大士等人在西藏國王赤松德贊的贊助下，開始將大量經、咒譯成藏文，為西藏最早的佛經譯文，所以稱為「寧瑪」（即「舊譯派」）。寧瑪派堪稱藏傳佛教之母，後來才演生出其他諸派，擁有著名深奧的「大圓滿法」教法。寧瑪派在初期，是以「桑耶寺」為其在西藏的傳法中心，有許多譯經工作也是在此寺完成，如翻譯經律論以及無數的內外密行密續的梵本修持儀軌。寧瑪派的傳承有兩類：教傳（或「遠傳承」）及伏藏（或「近傳承」）。所謂「教傳」，即一般密續的傳承，分為三種：「諸佛密意」、「持明指示」和「口耳傳承」。伏藏亦分三種，即「聖言預記」、「有緣掘藏」和「勝願印授」（詳情請見本書〈藏傳佛教寧瑪派簡介〉一文）。由於寧瑪派的喇嘛在執行法務期間，大多穿戴紅帽和紅袍，所以也被稱作「紅派」。在其派內有許多大成就者，以修持大圓滿法為名，例如：敏林德千法王、敦珠法王以及頂果欽哲法王等。

2本覺：一切眾生本自具有的清淨佛性。

3密續：佛陀所教過的法門有八萬四千種,可分成三種不同的層次：小乘、大乘顯宗（波羅蜜多乘）及金剛乘（密續）。密續是非常善巧方便的法門，有非常不可思議、非常殊勝的、不同的一些修行技巧，能夠使自己更快速地成就正等正覺的果位。密續有四部：事續、行續、瑜伽續、無上瑜伽續。（可參考達賴喇嘛所著之《抉擇未來》）

4灌頂：密續用來作為傳授密法的入門儀式。因密續的力量在於透過一個持續的、不間斷的修行者傳承，保存並傳遞證悟的體驗。因此，如果希望轉化自己，就必須與這個重要的傳承接觸，這項接觸就是透過灌頂、加持。接受灌頂能夠喚醒我們，心中的特別能量，讓弟子與上師之間建立起一種溝通，能啟發弟子內在的潛能，進入密續的道路，直到圓滿成就。

5上師相應法：透過對上師的觀想，而與上師的智慧心結合的一種修行法門。

6大圓滿法（Great Perfection）：密續無上瑜珈部有「生起、圓滿、大圓滿次第」，新譯派（白、花、黃教）稱「父續、母續、無二續」。大圓滿是舊譯寧瑪派（紅教）的不共最高即身成佛法門。八世紀時由蓮花生大士傳入西藏，後來在十四世紀時，由龍欽巴尊者加以組織整理而集大成。大圓滿法門來自法身佛普賢王如來，由佛界傳入人間，是聽聞得解脫的頓悟法門，上根者聞法解脫同時。大圓滿所用的方法和技巧與他乘可能略為不同。大圓滿的看法並不認為佛高，眾生低，知道「佛」和「眾生」的不同處只在於「覺」和「迷」。行者其實離佛境非常接近，每一刻都有機會明心見性。

7雪謙冉江仁波切（Shechen Rabjam Rinpoche, 1966～）：第七世雪謙冉江仁波切，頂果欽哲仁波切的孫子和心靈繼承人，他的母親就是頂果欽哲仁波切的女兒琦美旺姆。他由三歲起就跟隨頂果欽哲仁波切學習，並由由頂果欽哲仁波切舉行座床大典，成為寧瑪巴的傳人。現為尼泊爾雪謙寺的宗主。

8大吉嶺（Darjeeling）：大吉嶺位於印度西孟加拉邦北部，喜馬拉雅山麓地帶，南邊距首府加爾各答約700公里，海拔2,200公尺，四季溫暖如春，是印度最受歡迎的避暑勝地。

9吉美欽哲仁波切（Jigme Khyentse Rinpoche, 1963～）：蔣揚欽哲卻吉羅卓的三位轉世化身之一，從其父親康珠爾仁波切處，接受了完整的傳統佛法教育，之後曾跟隨頂果欽哲仁波切、敦珠法王及其他偉大的藏傳佛教上師學習。目前仁波切住在法國西南部的多荷冬，並指導香特鹿佛學中心（the Centre d'Etudes de Chanteloube）的閉關與佛法研習課程；此地的閉關中心，是頂果欽哲仁波切在西方世界首創的閉關中心。吉美欽哲仁波切精通英、法文，同時也是舉世聞名蓮師翻譯小組的指導上師。

10上師（lama）：意指著心靈導師。重要的上師經常是轉世、有著「仁波切」的稱號，意思是「珍貴者」。許多上師（絕不是

全部）是僧侶（也就是說受過戒，遵守著其他的戒律）。反過來說，也有許多僧侶不見得會被視為上師，雖然在日常語言中，這個詞經常被延伸應用，成為一種對任何年長僧侶禮貌性的稱呼。

第一章　童年往事

1赤松德贊（Trisong Detsen, 755~797）：西藏國王，崇信佛教，曾邀請印度蓮花生大士等人入藏，翻譯了大量的佛經，也促成了密教在西藏的札根，被尊為護教法王。

2康區（Kham）：西藏依照各地方言的不同，全境共分為衛藏、安多和康三個不同的區域。康區主要是在西藏的東南半部。

3德格（Dergo）：今四川省甘孜州德格縣。

4札西策仁（Tashi Tsering）：曾任德格王的首相。

5蔣貢康楚仁波切（Jamgön Kontrul Rinpoche, 1813～1899）：此為第一世蔣貢康楚仁波切，全名「蔣貢康楚羅卓泰耶（Jamgön Kongtrul Lodrö Thayé），是最著名的藏密上師之一，出生於東藏康區的康波（Kongpo）。他接受了藏傳佛教所有派別的傳承，並且一視同仁地對待每個不同的傳承，與蔣揚欽哲旺波仁波切互相師徒，同是不分派利美運動的主要人物。他整理藏傳佛教各派別所有重要的教法，成為《大寶伏藏》（Five Great Treasures〔mDzod-lnga〕of Jamgön Kongtrul the Great），共九十餘冊；後來中共入侵西藏之後，許多傳承的教法都有賴這部巨著才得以保留下來。

6宗薩寺（Dzongsar Monastery）：薩迦派傳承的主要寺廟，位於德格，於西元746年創建。

7班千寺（Benchen Monastery）：噶舉派傳承的寺廟，位於青海境的南錢。

8大寶法王（Karmapa）：藏文稱「噶瑪巴」，意指行佛陀事業的人，是噶瑪噶舉傳承的領導者。第一世大寶法王杜松虔巴（Dusum Khyenpa）是岡波巴（Gampopa）的弟子，在十二世紀開始確立了大寶法王的活佛轉世制度，至今已傳承到第十七世大寶法王。後來各派傳承也都開始了各自的法王轉世制度。

9米滂仁波切（Mipham Rinpoche, 1846～1912）：出生於西康，從六歲起就能夠憑己力學習文字，十五歲起閉關修行文殊法，主要上師是蔣揚欽哲旺波仁波切和帕楚仁波切。他是寧瑪巴派教法的重要建立者和闡述者，曾將顯密教海的要旨集成二十六部的《米滂仁波切全集》。

10加持丸：在藏傳佛教中，一些大寺院及大修行者會為眾生的利益而製造各種具加持力的小丸。這些殊勝的藥丸，雖然成分大多有草藥等珍貴藥材在內，其力量主要卻來自持咒及佛力的加持，與傳統藥物並不一樣。

11紅花水：藏紅花，又名「番紅花」，原產於歐洲，後經印度傳入西藏，是一種活血通絡、化瘀止痛的藥材。

12種子字：每一尊佛和某一個梵文字相連，那個字就是那一尊佛相關咒語的濃縮形式。當我們觀想一尊佛的時候，我們開始必須先觀想這個字，這個字化成光，然後轉化成為佛本身，於是有「種子字」的稱呼。

13薩迦派（Sakya）：西元1073年，西藏喇嘛孔道卡爾建造薩迦寺，宣揚他所自創的密法，稱為「薩迦派」，此派的寺廟上因為塗有紅、白、黑等三色條紋，分別象徵文殊、觀音及金剛手三菩薩，所以該教也被稱為「花教」。薩迦派著名大師薩迦班智達和八思巴，在元朝的支持下，建立了薩迦地方政權，結束了西藏近四百年的混亂局面，薩迦派的五祖八思巴還被元世祖忽必烈尊為國師，聲譽盛極一時，明朝也曾賜予該派教主「大寶法王」和「大乘法王」等稱號。

14羅迭旺波（Loter Wangpo, 1847～1914）：薩迦派的喇嘛，蔣揚欽哲旺波仁波切的第一位薩迦派弟子。

15班智達（pandita）：出自印度梵文，意指精通五明的學者。

16宇色（Ösel）：藏語的「明光」，指基礎的、本具的心性本質。用以表現心性巨大、燦爛的清明，可以完全從黑暗或業障獲

得解脫。

17 嘉路（Jalu）：藏語的「虹光身」。透過高深的大圓滿法門，修行成就者可以將他們的生命帶到殊勝而光輝的結束。當他們命終時，可以讓身體回縮成組成身體的光質，他們的色身會溶化在光中，然後完全消失。這種過程稱為「虹身」（rainbow body）或「光身」（body of light），因為在身體溶化時，會有光和彩虹出現。

18 多傑（Dorje）：藏語的「金剛」，梵語「Vajra」，音譯跋折羅、縛曰囉等，即一切金屬中最堅最精者。指至堅至利，能破壞其他事物，而自身堅不可破，非萬物萬理所能破壞。在密教中，金剛一詞的用途極為廣泛，可用來指稱武器，如金剛杵；或指執金剛杵的天神，如金剛薩埵；或代表菩薩所證三昧境界，如金剛三昧等。

19 卓千仁波切（Dzogchen Rinpoche, 1872～1935）：此為第五世卓千仁波切，出生於東藏康區，從蔣揚欽哲旺波仁波切等許多著名的上師處得到珍貴的傳承。在卓千仁波切主持卓千寺期間，讓卓千寺的聲望達到一個高峰，全寺擁有五百多名喇嘛、十三座閉關中心，以及大約二百座的附屬寺廟。

20 卓千寺（Dzogchen Monastery）：寧瑪巴六大主要寺廟之一，位於東藏康區德格，創建於西元1685年。在十八世紀初期，在本寺的建議之下，德格王建立了極為豐富的佛陀教法收藏，對於佛法的存續有很大的貢獻。同時，該寺也建立了許多閉關中心和佛教學院。

第二章　心靈導師

1 利美運動：請見本書〈藏傳佛教寧瑪派簡介〉一文。

2《入菩薩行論》：寂天菩薩於八世紀所著，啟發修行者如何發菩提心、行大願力，突破人我法執，安住光明的空性之中。

3 中觀：龍樹菩薩（Nagauna）所建立的一個哲學派別，以闡述空性的《般若波羅蜜多心經》為基礎。

4 密勒日巴尊者（Milarepa, 1052～1122）：為噶舉派創始者馬爾巴的嫡傳弟子，法名「喜笑金剛」。以苦行聞名，善於歌詠，著有《十萬歌集》傳誦於世。

5 巴楚仁波切（Patrul Rinpoche, 1808～1887）：上世紀西藏最著名的佛學大師和大修行者之一。他在童年時即被認定為印度寂天菩薩（Shantideva）的化身。達賴喇嘛經常高度稱讚巴楚仁波切，並傳授仁波切關於菩提心的教法；頂果欽哲仁波切則將巴楚仁波切譽為大圓滿見、修、行實踐者的完美典範。

6《普賢上師言教》（The Words of My Perfect Teacher）：作者為帕楚仁波切（1808~1887）是寧瑪巴的心意伏藏《龍欽心隨》的前行講義，一百多年來普遍被藏傳佛教四大門派用作心靈修持的指引。

7 敏珠林傳承（Mindroling tradition）：寧瑪巴的六大傳承之一（「敏」是成熟，「珠」是解脫，「林」代表寺院），十六世紀時由第五世達賴喇嘛的根本上師德達林巴所創建敏珠林寺，而開始了這派傳承，在沙壇城、手印、金剛舞、唱誦及多瑪製作上，皆有獨到殊勝之處。

8 金剛薩埵（Varjrasattva）：金剛薩埵的涵義為「金剛、勇猛、有情」，在西藏譯為「金剛勇猛心」。「金剛薩埵」一語，象徵「堅固不壞之菩提心」與「煩惱即菩提之妙理」。密教由大日如來傳予金剛薩埵，是密教傳法之第二祖。金剛薩埵雖有各種功德顯現，然於密教中，常以金剛薩埵為菩提心，或經由菩提心而上求佛果者之總代表。

9 龍欽巴（Longchenpa, 1308~1364）：被尊稱為繼蓮華生大師之後的「第二佛」，是寧瑪巴派的法王，深受藏傳佛教四大教派的尊崇。他的著作集各派大成，包羅萬象，一生大約有二百五十部的作品，其中最重要的就是《龍欽七寶藏》（Seven Treasuries (mdzod-bdun)），這是寧瑪巴最高心法大圓滿法的重要傳承依據。

10宗薩蔣揚欽哲卻吉羅卓（Dzongsar Jamyang Khyentse Chökyi Lodrö, 1896～1959）：蔣揚欽哲旺波仁波切的五位轉世化身之一──事業化身，頂果欽哲仁波切的根本上師。其著作有十三部。薩迦派的宗薩寺是他的法座所在，出西藏後，在錫金弘法施教，受王室供養。

11實修傳承的八派：寧瑪、噶當巴、薩迦（道果）、瑪爾巴噶舉、香巴噶舉、決、覺朗、布頓傳承。

12薈供：男女瑜伽行者聚集，故稱「薈」；陳設供品修法，故稱「供」；修上師相應法，再供養諸佛菩薩歷代祖師，與其相應，得其加持，誦戒懺罪消業障，快速積聚福慧資糧，是易行、力量大、能速得成就的法會。

13拙火（kundalini）：那若巴六法（拙火、幻化身、夢修、光明、中陰、轉識）之一，入定時臍下丹田所生的暖熱氣，為修煉氣、脈、明點的精髓，用以獲致空、樂的結果。修習「拙火」有成就者，可以在十分寒冷的氣候裡，穿單薄的衣服，而不被凍餒。

14大藏經（Tripitaka）：佛教經典的總集，有漢文、藏文、巴利文等不同語系的大藏經譯本。藏文大藏經可分為「甘珠爾」（經藏和律藏）和「丹珠爾」（論藏）。從七世紀佛教傳入西藏後，開始陸續翻譯；八世紀時的桑耶寺即為一個重要的藏經譯場。

15雷康（Rekong）：西藏東北部安多區（Amdo）的一個城市。即今青海省黃南藏族自治州的首府同仁縣。

16夏嘎措珠讓卓：見〈超越時間的生命〉注釋1。

17果洛（Golok）：位於西藏東北部青海省安多地區，由葛羅族遊牧人所居住。

第三章　流亡他鄉

1釋迦牟尼等身像（Crowned Buddha）：釋迦牟尼十二歲時的等身像，由唐文成公主攜入藏地，後供奉在拉薩大昭寺中。

2楚布寺（Tsurphu）：或譯「祖普寺」，是藏傳佛教噶瑪噶舉派的根本道場，是歷代大寶法王的重要駐錫地，世所矚目的藏傳佛教轉世制度，就是在這裡首創。位於拉薩市堆壟德慶縣西北的祖普河上游，距拉薩西郊約70公里，海拔4300公尺，迄今已有八百多年的歷史。

3卡林邦（Kalimpong）：印度大吉嶺附近的一個山城。

4（Dudjom Rinpoche, 1904～1987）：近代寧瑪派的至高上師，他是一個傑出的瑜伽、伏藏和冥想的指導上師。他同時也是一個嚴謹的學者和多產的作家，曾寫過超過四十多部關於寧瑪派傳承和教法的書籍。

5錫金（Sikkim）：原本是一個獨立的小王國，地理位置夾在印度、尼泊爾、西藏和不丹之間。1975年錫金國會投票決定，成為印度面積最小的城邦。目前錫金居民以尼泊爾人佔多數，其次才是錫金人、不丹人、西藏人和少數印度人，錫金主要宗教是藏傳佛教，境內風土民情、生活習慣與印度其他區域截然不同。

6一髻母（Ekajati）：即一髻佛母，藏名阿松媽，意即密咒護持母，梵名欽嘎乍紀，漢譯獨髮母或一髮母，是寧瑪巴的主要三不共智慧護法之一，主司護持出世間法的一切成就。

7貝馬林巴（Pema Lingpa, 1450~1521）：不丹人，寧瑪巴著名的伏藏大師。他在夢中得到蓮華生大士的指引，找到了許多的伏藏。

8巴羅大藏虎穴（Paro Taktsang Tiger's Nest Cave）：「Taktsang」的意思就是虎穴，位於不丹首都辛布的西方。據說蓮華生大士曾經騎虎來到巴羅，並在一處山洞中閉關修行了三個月，後來這個地方就建了一座寺廟以茲紀念。

9吉美林巴（Jigme Lingpa, 1729~1798）：著名的伏藏大師和大圓滿傳承上師，龍欽巴尊者曾經化現在他面前三次，將完整

的《龍欽心髓》傳承給他，希望他保存並傳揚這些教法。吉美林巴擁有非常多的傳承弟子，包括他的三個轉世化身——欽哲耶喜多傑（意化身）、帕楚仁波切（語化身）和蔣揚欽哲旺波（身化身）。

10龍欽心髓（Longchen Nyingthig）：或譯「龍欽寧體」，是關於寧瑪派最高修行心法大圓滿法的重要著作，由龍欽巴尊者所著，後來經過吉美林巴的整理，而成為寧瑪派必修的修行法要。

11空行母（dakini）：一般是指展現慈悲智慧的女性本尊或天女。此外，空行母也同時扮演著護法者的角色。

12耶喜措嘉（Yeshe Tsogyal）：是蓮華生大士的佛母，也是一位證悟的空行母。在蓮華生大士傳法的過程中，伊喜措嘉也是他最重要的得力助手，同時也是教法的重要傳承者，更是所有伏藏法的重要護持者。

13瓦拉納西（Varanasi）：印度文化古城、印度教聖城及教育中心。在北方傍恆河新月形曲流段左岸。中國晉代高僧法顯和唐代玄奘都曾來此。附近有鹿野苑，為佛教聖地。印度教徒常稱此城為迦尸。早在公元四至六世紀時已是印度的學術藝術中心之一。印度教徒視為聖城，城內約有寺廟1500座，每年來此朝聖的香客多達一百餘萬人。寺廟多系近二百年間修建，其中最聞名的是濕婆廟、金廟和難近母廟。

14噶舉派（Kargu）：噶舉派形成於十一世紀，由瑪爾巴譯師和密勒日巴所創立，俗稱「白教」。第五代祖師岡波巴之後，分為四個不同的傳承，十三世紀時，噶瑪噶舉派首創活佛轉世的繼承方式，而後被藏傳佛教各教派所普遍採用。其最著名的教法就是「大手印」的傳承。

15八供：這是古印度傳統上迎請供養國王等貴賓的禮儀，佛教徒則以此方式供佛。八供之排列次序為：飲水、浴水、花、香、燈、塗油、食、樂。

第四章 佛行事業

1大幻化網密續（Guhyagarbha Tantra）：這是寧瑪巴內密續三部（大瑜伽、無比瑜伽和無上瑜伽）中大瑜伽部的重要經典。

第五章 重返西藏

1八蚌寺（Palpung）：十八世紀初第八世泰錫度仁波切在西藏東部德格王國所建立，為泰錫度仁波切的駐錫道場，也是當今噶瑪噶舉傳承的兩個主要道場之一，另一個是楚布寺。

2桑耶寺（Samye）：位在拉薩東南方的河谷平原上，始建於西元762年，藏王赤松德贊為了迎蓮花生大士入藏，特別建造，是藏傳佛教史上第一座佛法僧俱全的寺廟，並在這裡譯出了第一批的藏文佛經。

3寂護（Abbot Shantarakshita, 705～762）：印度佛教僧人。今印度比哈爾邦人。早年出家，為大乘佛教自續中觀派創始人清辨的五傳弟子，在當時印度佛教界以精於因明而知名。曾住那爛陀寺。743年受吐蕃贊普赤德祖贊之請入吐蕃傳教，在拉薩主持翻譯佛教典籍為藏文事宜。因受苯教勢力抵制，停留4個月，即去尼泊爾居住達六年之久。其間曾舉薦蓮花生入吐蕃傳教。749年再度至吐蕃，曾主持第一座建有僧伽組織的桑耶寺奠基儀式。建寺後，為七名貴族子弟剃度出家，史稱「七覺士」。762年在吐蕃被馬踢傷致死。其所倡自續中觀派論點，對後世藏傳佛教一些流派有直接影響。著有《攝真實論》等。

4菩提迦耶（Bodh Gaya）：釋迦牟尼在菩提樹下悟道的故事即發生於此，位於印度比哈省（Bihar），目前位於摩訶菩提寺西方之菩提樹乃1870年亞歷山大康寧漢，切下傾倒的老樹之枝重新栽種而成。

第六章　心靈傳承

1宗薩蔣揚欽哲仁波切（Dzongsar Jamyang Khyentse Rinpoche, 1961～　）：此為第三世宗薩蔣揚欽哲，出生於不丹，為已故寧瑪巴法王敦珠仁波切的長孫，九歲時被達賴喇嘛、薩迦法王及噶瑪巴認證為蔣揚欽哲卻吉洛卓的三位轉世化身之一，由敦珠法王授與法衣，並由頂果欽哲仁波切在不丹為其舉行昇座儀式，為薩迦派宗薩寺的宗主。

2南開諾布仁波切（Namkhai Norbu Rinpoche, 1938～　）：出生於東藏，是當代大圓滿傳承的重要導師，目前在世界各地教授大圓滿法門；並且在全球建立了許多機構，致力於傳揚和保存西藏文化。也擁有許多關於西藏文化和大圓滿傳承的重要著作。

3丘揚創巴仁波切（Chogyam Trungpa Rinpoche, 1939～1987）：此為第十一世，噶舉派的重要上師，是最早前往西方的喇嘛之一，1967年在蘇格蘭建立了西方第一座佛教修行中心。著有《香巴拉：勇士之聖道》（Shambhala：The Sacred Path of the Warrior）、《東方大日》（Great Eastern Sun）、《自由的迷思》（Myth of Freedom and the Way of Meditation）和《突破修道上的唯物》（Cutting Through Spiritual Materialism）等多種著名作品。

4索甲仁波切（Sogyal Rinpoche）：出生於西藏，由蔣揚欽哲仁波切養育教導，1959年離開西藏。1971年赴英國讀書，1974年開始弘法。在西方社會擁有很好的聲譽，所著《西藏生死書》為暢銷名著。

超越時間的生命

1夏嘎措珠讓卓（Shabkar Tsogdruk Rangdrol, 1781~1851）：著名的大圓滿上師，他在經過多年的閉關修行，成道之後，在喜馬拉雅山區成為一個流浪的傳教者，廣泛宣揚。

頂果欽哲法王傳 / 馬修・李卡德（Matthieu
Ricard）作；賴聲川編譯. -- 初版. -- 〔高
雄市〕：雪謙文化出版；臺北市：全佛文化
發行, 2010.01
　　面；　公分
譯自：The life and world of Dilgo
Khyentse Rinpoche
ISBN 978-986-81149-8-2（精裝）

1. 頂果欽哲　2. 藏傳佛教　3. 佛教傳記

226. 969　　　　　　　　　　　98024442

頂果欽哲法王傳（增訂版）

The Life and World of Dilgo Khyentse Rinpoche

作　　者：馬修・李卡德（Matthieu Ricard）
編　　譯：賴聲川
顧　　問：堪布烏金・徹林（Khenpo Ugyen Tshering）
文字編輯：劉婉俐
封面設計：徐璽
行　　銷：劉小慧
發 行 人：張滇恩、葉勇瀅
出　　版　雪謙文化出版社
　　　　　戶　　名：雪謙文化出版社
　　　　　銀行帳號：兆豐國際商業銀行　三民分行（代碼017）040-090-20458
　　　　　劃撥帳號：42305969
　　　　　http://www.shechen.org.tw　e-mail:shechen.ks@msa.hinet.net
　　　　　手機：0963-912316　傳真：02-2917-6058

台灣雪謙佛學中心
高雄中心　高雄三民區中華二路 363 號 9F-3
　　　　　電話：07-313-2823　傳真：07-313-2830
台北中心　台北市龍江路 352 號 4 樓
　　　　　電話：02-2516-0882　傳真：02-2516-0892

行銷中心　紅螞蟻圖書有限公司
　　　　　地址：台北市內湖區舊宗路 2 段 121 巷 28、32 號 4 樓
　　　　　電話：02-2795-3656　傳真：02-2795-4100

印刷製版：中原造像股份有限公司
初版一刷：2010年1月
初版三刷：2019年8月
Ｉ Ｓ Ｂ Ｎ：978-986-81149-8-2（精裝）
定　　價：新臺幣650元

1959年之前的西藏邊界

西藏

印度河

達蘭莎拉

薩特雷治河

阿里

岡拉希山

雅魯藏布

尼泊爾

加德滿都

馬拉蒂卡

印度

恆河

瓦拉納西

菩提迦耶